Klaus Eckhardt

Kreta – Der Autoreiseführer

Klaus Eckhardt (1949 bis 2012) war Buchhändler und IT-Trainer und bereiste mehr als 40 Jahre Griechenland. Er übersetzte griechische Literatur ins Deutsche, verfasste zwei griechische Liederbücher, und schrieb mehrere Kreta-Krimis und Reiseführer über sein Lieblingsziel Kreta, zuletzt den hier vorliegenden ersten Autoreiseführer für die beliebte Urlaubsinsel.

Klaus Eckhardt

Kreta – Der Autoreiseführer

Mit dem Auto durch Kreta

Die 25 schönsten Rundtouren auf der Insel

Bibliographische Information der Deutschen Bibliothek
Die Deutsche Bibliothek verzeichnet diese Publikation in der Deutschen Nationalbibliografie; detaillierte bibliografische Daten sind im Internet über http://dnb.ddb.de abrufbar.

Verlag Dr. Thomas Balistier
Egartstraße 19
D-72127 Mähringen
www.kreta-buch.de
1. Auflage Mähringen 2012
3. Auflage Mähringen 2017
Redaktionelle Beratung: Ulla Fuchs
Umschlaggestaltung und Satz: PEAK Agentur für Kommunikation GmbH, Tübingen
Gesamtherstellung: CPI books GmbH, Leck
ISBN 978-3-937108-28-5

Inhalt

Einleitung

Es gibt schon jede Menge Reiseführer für Kreta: Kunst- und Kulturführer, Führer für Individualtouristen, Wanderführer … große und kleine, dicke und dünne, gute, sehr gute und weniger gute … warum also habe ich noch einen geschrieben?

Die Idee dazu kam mir schon vor einigen Jahren. Wenn ich kleine Mietwagen an irgendwelchen Abzweigungen stehen sah, mit Touristen darin, die sich ratlos über eine Straßenkarte beugten, dachte ich, wie gut es doch wäre, wenn ihnen jemand sagen könnte, wo es lang geht.

Darin bestärkt haben mich Kreta-Urlauber, die von mir wissen wollten, wohin sie mal fahren könnten, wie weit das denn wäre und wie die Straßen dort beschaffen seien. Also dachte ich mir: Beschreib keine Strecke, beschreib Rundtouren, die du kennst, die du selber schon gemacht hast! Da ich gerade in den letzten Jahren auf Kreta viel auf Achse bin, hatte ich Material genug, und dass ich weiß, was man wo sehen kann und was man gesehen haben sollte, das kann man meiner Internetseite (www.online-guide-kreta.de) entnehmen. Ursprünglich wollte ich den Rundtourenführer dort einbauen, doch letztlich hielt ich die Buchform für besser, weil praktischer für unterwegs.

Hier ist er also: der erste Kreta-Führer für Pkw-Rundtouren, die stets zum Ausgangsort zurückführen. Natürlich sind nicht nur die Strecken genauestens beschrieben, sondern auch alles, was auf der Tour anschauenswert ist. Natürlich musste ich mich bei jeder Tour für einen bestimmten Startort entscheiden, doch weise ich immer auf alternative Ausgangspunkte hin. Man kann also von jedem Ort an der Strecke in die Tour einsteigen oder zum Startort fahren.

Noch ein Hinweis:
Bei der Beschreibung der Touren war ich mir meiner Verantwortung voll bewusst und habe stets auf mögliche Schwierigkeiten hingewiesen. Sie befahren die Strecken jedoch auf eigene Gefahr! Für etwaige Unfälle oder andere Unannehmlichkeiten übernehme ich ebenso wenig die Verantwortung wie der griechische Staat.

Autofahren auf Kreta

Seit 40 Jahren und bescheiden geschätzten 80.000 Kilometern fahre ich auf Kreta unfallfrei. Weil das nicht selbstverständlich ist und hin und wieder auch Glück, Instinkt und Erfahrung dazu nötig waren, hier ein paar erläuternde Worte.

Das kretische Straßennetz ist zwar dicht, doch es entspricht nicht überall mitteleuropäischem Standard. In den letzten Jahren wurden überdies viele Straßen angelegt, die völlig überdimensioniert sind.

Die beste (und gleichzeitig langweiligste) davon ist die New Road an der Nordküste entlang von Kastélli Kissámou nach Sitía, sie ist aber nicht schnurgerade wie eine mitteleuropäische Autobahn, sondern wartet gelegentlich mit ziemlichen Kurven auf. Zudem wird der Asphalt bei sommerlicher Hitze gerne rutschig!

Es empfiehlt sich also, unbedingt die zulässige Höchstgeschwindigkeit einzuhalten, wenn sie denn überhaupt möglich ist (und auch auf Kreta muss man mit Radarkontrollen rechnen, besonders auf der der nördlichen Nationalstraße, der New Road, die ich im Folgenden immer so nennen werde, auch wenn sie gar nicht mehr so neu ist).

Darüber hinaus werden Frostschäden eher zufällig behoben; das gilt verstärkt für jene Straßen, die schlecht bis überhaupt nicht asphaltiert sind. Aber auch auf ihnen kommt man bei angepasster und vorausschauender Fahrweise ohne Gefahr für Auto, Leib und Leben um die ganze Insel.

Zur vorausschauenden Fahrweise gehört, immer mit dem denkbar Unmöglichen zu rechnen. Kretische Autofahrer legen zuweilen eine eher unkonventionelle Fahrweise an den Tag. Sie schneiden gerne unübersichtliche Kurven und nehmen es mit dem Rechtsfahrgebot nicht so genau. Und wenn es dann geknallt hat: wer schuld war, lässt sich mangels Zeugen meist nicht nachweisen.

Hört man hinter einer unübersichtlichen Kurve eine Hupe oder Fanfare, ist es durchaus nicht übertrieben, sofort rechts ranzufahren. Es erscheint dann nämlich gleich ein Bus oder Lkw, der auf seine Hupe vertraut und die Kurve recht großzügig nimmt.

Womit der Autofahrer rechnen muss:

Tiere auf der Fahrbahn

Schafe und Ziegen, und davon gibt es entgegen anders lautenden Meinungen immer noch reichlich auf Kreta, kennen keine Verkehrsregeln. Sie laufen in der Herde gemächlich mitten auf der Straße, überqueren sie oder liegen gar auf dem Asphalt, um sich zu wärmen. Einheimische Bus- oder Taxifahrer gebrauchen dann heftig die Hupe und preschen ohne Rücksicht durch sie hindurch ... wir aber üben uns in Geduld, vor allen Dingen dann, wenn wir weitab der üblichen Touristenpfade unterwegs sind – und das wird der Benutzer dieses Buches des Öfteren sein – schießen ein paar Fotos und fahren weiter, wenn die Straße wieder frei ist. Ein freundlicher Gruß des Schäfers, falls er in der Nähe ist, ist der Mindestlohn.

Enge und unübersichtliche Ortsdurchfahrten

Viele kretische Dörfer scheinen auf Autoverkehr immer noch nur bedingt vorbereitet zu sein. Man sieht hinter engen Ecken weder Gegenverkehr noch Fußgänger oder gar spielende Kinder! Also fahren wir vorsichtig und langsam, sodass wir jederzeit anhalten können. Ich möchte nicht in der Haut desjenigen stecken, der hier ein Kind überfährt.

Andere Touristen, die an den unmöglichsten Stellen zum Fotografieren anhalten

Sie sollten auch selbst darauf achten, nicht an unübersichtlichen Stellen zu halten. Und wenn es doch mal nicht anders geht, warnen Sie andere Autofahrer.

Mietwagen

In jedem größeren Ort auf Kreta und besonders in den Touristenzentren drängeln sich die Autovermietungen geradezu. Es ist natürlich reizvoll, mit dem Flugzeug schnell und bequem anzureisen und dennoch die Ungebundenheit eines eigenen Fahrzeuges genießen zu können.

Die Preise für ein Mietauto sind in den letzten Jahren zwar gesunken, sie sind aber immer noch ziemlich hoch. Die bekannten internationalen Anbieter sind die mit Abstand teuersten, und man wird von ihnen versichert bekommen, dass ihre Autos auch die besten und verkehrssichersten seien. Das kann zutreffen, muss es aber nicht. Deshalb sollte, ja muss man ein Fahrzeug vor der Übernahme auf Verkehrssicherheit und eventuell vorhandene Schäden hin überprüfen, mag der Name des Vermieters auch noch so klangvoll sein.

Wenn eine miktí asfálisi (Vollkaskoversicherung ohne Selbstbeteiligung) im Mietpreis nicht enthalten ist, was hin und wieder vorkommt, sollte man unbedingt eine Zusatzversicherung abschließen, die Selbstbeteiligung im Schadensfall ausschließt (das gilt oft nicht für Reifen und Unterboden).

Fast immer werden Fahrzeuge zu Tages- oder Wochenpauschalen vermietet, auf die gefahrenen Kilometer kommt es dann nicht mehr an.

In der Nebensaison (die in der Regel von Oktober bis Juni dauert) sind die Preise zum Teil deutlich niedriger. Viele, vor allen Dingen kleinere Unternehmen bieten schon ab Mitte September Nebensaisonpreise an. Die großen Anbieter sind da weniger großzügig. Bisher habe ich mit kleineren Anbietern keine schlechten Erfahrungen gemacht. Allerdings ist der Wettbewerb inzwischen so hart, dass ich mich manchmal frage, ob die kleineren überhaupt noch was verdienen.

Last but not least: Man kann ein Fahrzeug natürlich auch schon von zu Hause aus mieten, beispielsweise über das Internet! Doch sollte nicht allein der Preis entscheidend sein, sondern auch die Gewissheit, im Fall eines Falles einer problemlosen Abwicklung entgegen sehen zu können.

Das Thema motorisierte Zweiräder habe ich bewusst ausgeklammert, da ich finde, dass Zweiradfahren auf Kreta (vor allem für Ungeübte) extrem gefährlich ist und die ausgewählten Strecken für Motorroller in der Regel zu lang sind. Erfahrene und überzeugte Biker mögen mir verzeihen.

Tipps für unterwegs

Ausreichend zum Trinken dabei zu haben, ist für den Autofahrer nicht so zwingend wie für den Wanderer, aber es bewahrt davor, nach einem Kafenío suchen zu müssen.

Allerdings: die schönsten Stopps mit Kontakt zu den Einheimischen macht man gerade in kleinen Dörfern bei einem Kaffee, einem Frappé oder einem Erfrischungsgetränk! Und die Zeit dafür sollten wir uns nehmen, denn wir wollen zwar viel sehen, nicht aber Kilometer runterreißen. Gerade der Faktor Zeit ist bei größeren Touren nicht zu unterschätzen. Der frühe Vogel fängt in unserem Fall zwar nicht den Wurm, aber er kann sich mehr Zeit lassen!

Wenn man ein Kloster oder eine Kirche besuchen will, sollte man sich unbedingt nach den örtlichen Gepflogenheiten richten, sie nur properly dressed, also in geziemender Kleidung betreten. Shorts oder gar Badekleidung sind absolut tabu, auch Muskelshirts und ärmellose Tops sind nicht nur bei Personen, die das eigentlich nicht tragen sollten, nicht gern gesehen.

So sehr sich viele Klöster dem Hier und Heute geöffnet haben (schon um finanziell zu überleben), so sehr sind sie Orte der Andacht geblieben.

Wo Fotografieren und Filmen verboten ist, sollte man dem Folge leisten (oder sich jedenfalls nicht erwischen lassen). Einige Begründungen für ein Verbot: Blitzlicht schadet Ikonen und Fresken und Fotos begünstigen Auftragsdiebstahl.

Ich nehme aber an, dass man mit einem Verbot so den Verkauf von Ansichtskarten fördern will.

Tour 1 – Rund um die Halbinsel Akrotíri

Eine kürzere Tour mit landschaftlichen und kulturellen Sehenswürdigkeiten.

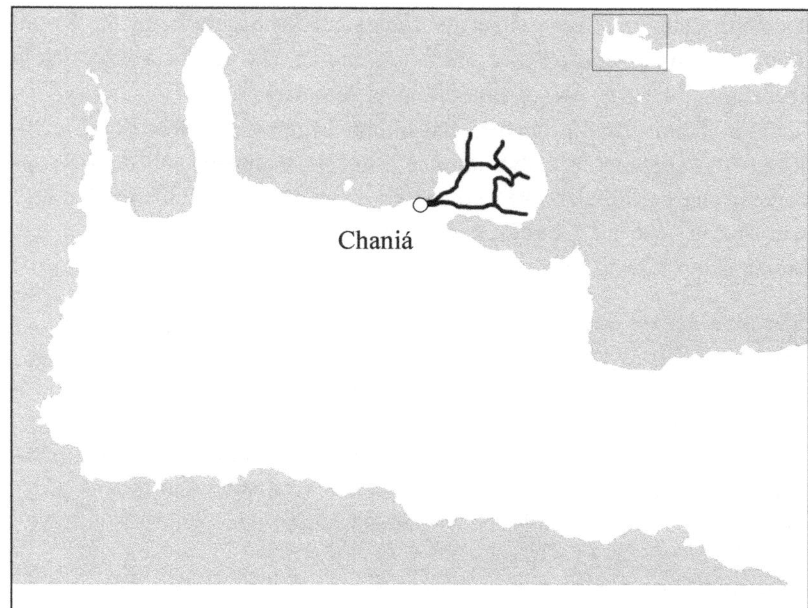

Streckenlänge	ca. 85 km
Straßenbeschaffenheit	durchweg Asphalt
Schwierigkeitsgrad	Normal-Pkw
Begeisterungsfaktor	Kreta-üblich
Höhenangstgefahr	Sklóka-Gipfel

Streckenverlauf: Chaniá – Venizélos-Gräber – Sternes – Maráthi/Loutráki – Flughafen – Chordáki – Rizóskloko – Sklóka-Gipfel – Kloster Agía Triáda – Kloster Gouverneto – Chorafákia – Stavrós – Kalathás – Kounoupidianá – Chaniá

Alternative Startorte: Von allen Urlaubsorten an der Nordküste zwischen **Kastélli Kissámou** (plus ca. 80 Kilometer) und **Georgioúpolis/Paralía Kournás** (plus ca. 80 Kilometer) kann man diese Tour auch machen. Man fährt am besten auf der New Road bis zur Ausfahrt **Soúda** (man spart sich damit den Stadtverkehr in Chaniá), fährt dann an der ersten Ampel rechts und an der nächsten links. So fährt man um die Soúda-Bucht herum und hinauf bis zum beschriebenen Kreisverkehr. Dort rechts Richtung **Stérnes** und weiter wie beschrieben. Wie bei einer Rundfahrt üblich, kann man natürlich auch an jedem Ort auf dem Weg einsteigen.

Wir starten in **Chaniá** an der Markthalle und folgen der Ausschilderung Richtung Flughafen (Aerodrómio) nach Osten. Schon ziemlich weit stadtauswärts muss man einmal rechts abbiegen (die Straße heißt M. Koundoúrou), also besser die Beschilderung beachten. Die Straße windet sich in großzügigen Kurven hinauf zur Halbinsel **Akrotíri**.

Oben, beim ersten großen Kreisverkehr, liegen die Gräber der griechischen Staatsmänner Elevthérios und Sofoklís Venizélos (ab dem Kreisverkehr ausgeschildert). Die Parkanlage ist weitläufig und bietet eine sehr schöne Aussicht auf **Chaniá**. Erfrischungsmöglichkeiten sind vorhanden. Leider sind oft viele Ausflugsbusse vor Ort.

Elevthérios Venizélos (1864-1936) ist auf Kreta ein Nationalheld. Er wurde in Mourniés auf Kreta geboren und engagierte sich sehr für den Anschluss der Insel an das griechische Mutterland nach der Befreiung von der türkischen Fremdherrschaft (1913). Er wurde griechischer Ministerpräsident und führte in seiner Amtszeit erfolglos Krieg gegen die Türkei 1919 bis 1922, der in der sogenannten Kleinasiatischen Katastrophe seinen traurigen Höhepunkt fand.

Nicht nur der Athener Flughafen ist nach ihm benannt, auch in praktisch jedem kretischen Ort findet sich eine Straße oder ein Platz mit seinem Namen.

Sofoklís Venizélos war sein Sohn (1894-1964) und ebenfalls griechischer Ministerpräsident.

Wir fahren zurück zum Kreisverkehr und biegen Richtung **Stérnes/Flughafen** ein. Schon bald erreichen wir wieder einen Kreisverkehr, an dem ein Schild rechts hinunter nach **Soúda** weist (das wäre als Alternative für den Rückweg möglich). Achtung: Man darf hier nicht direkt scharf rechts abbiegen, sondern muss dazu den Kreisverkehr umrunden … auch ganz witzig.

Wir fahren allerdings geradeaus weiter, durch bzw. vorbei an **Pithári** und **Aróni**, und folgen dann am nächsten Kreisverkehr nicht der Ausschilderung zum Flughafen, sondern fahren weiter durch **Stérnes** Richtung **Maráthi** bzw. **Loutráki** zum Meer (in diesem Teil der Halbinsel ist das griechische Militär noch ziemlich präsent). Es gibt mehrere Abzweigungen, aber auch immer kleine Hinweisschilder.

Loutráki ist eigentlich kein Dorf, sondern nur eine hübsche Badebucht mit einer Taverne, und im Sommer besonders am Wochenende sehr frequentiert von Badegästen aus Chaniá. Am rechten Hang der Bucht

gibt es eine riesige Ferienanlage, deren Name Mare nostrum (lat. unser Meer) ich spontan in Mare Monstrum umbenannt habe.
Maráthi hingegen ist ein richtiges Dorf, mit weitläufigem Sandstrand am Hafen, diversen Lokalen und einer winzigen minoischen Ausgrabungsstätte direkt an der Straße. Auch hier ist wie in Loutráki recht viel los, davon zeugen auch die großen Parkplätze im Dorf (die keiner benutzt, solange es direkt am Wasser noch ein freies Plätzchen gibt).

Wir fahren zurück nach **Stérnes**, durch den Ort hindurch und jetzt am Kreisverkehr rechts Richtung Flughafen. Eine Besichtigung desselben lohnt sich eher nicht, außerdem werden wir ihn bald von oben sehen können.

Dazu biegen wir einen knappen Kilometer vor dem Flughafen links ab, halten uns an der nächsten Abzweigung rechts und fahren immer geradeaus Richtung **Mouzourás**. Vor dem Dorf folgen wir links der Umgehungsstraße nach **Chordáki** den Berg hinauf.

In **Chordáki** folgen wir der Beschilderung zum Weiler **Rizóskloko** (rechts). Er besteht nur aus wenigen Häusern, verfügt aber über so etwas wie einen Dorfplatz, die Platía Agíou Títou. Dort biegen wir links ab in die Odós Sklópa und fahren den gleichnamigen Berg hoch.

Die Straße ist asphaltiert aber kurvenreich und ohne irgendeine Randbegrenzung. Der Fahrer sollte also frei von Höhenangst sein. Mit Blick auf einen gewaltigen Steinbruch im Norden geht es nun hinauf zu den riesigen Antennen der griechischen Telefongesellschaft OTE (seit einigen Jahren steht das Tor Richtung Berggipfel weit offen). Hier ist die Straße nur durch ein nicht nennenswertes Mäuerchen vom Abgrund getrennt. Wer sich nicht zutraut, das Fahrzeug zum Wenden ein paar Meter zurückrollen zu lassen, sollte diese letzten Meter zum Gipfel zu Fuß gehen.

Außer Ziegen trifft man hier höchstens ein paar Mechaniker, die an den Antennen herumwerkeln. Ansonsten sieht alles ziemlich vergammelt aus.

Sklópa: Die Aussicht über die ganze Halbinsel und vor allen Dingen auf den Flughafen ist atemberaubend. Bei klarem Wetter kann man auch die Lefká Óri (Weiße Berge) und natürlich das Kap Drápanos gut erkennen. Und die startenden und landenden Militär- und Zivilmaschinen sowieso. Ich wundere mich, dass hier keine Schilder stehen, die Fotografieren verbieten (es wäre im Zeitalter von Google Earth allerdings auch eher albern).

Wenn wir genug haben, fahren wir wieder hinunter nach **Rizóskloko**. Wer möchte, kann kurz vor dem Dorf links zu einer kleinen Kirche abbiegen (Schotter) und noch hinunter ans Meer zu einer idyllischen Badebucht fahren (asphaltiert, kurvenreich und steil, die letzten paar hundert Meter zur Bucht nur zu Fuß).

Von **Rizóskloko** aus fahren wir über **Chordáki** zurück, bis wir einige Kilometer vor dem Flughafen die Abzweigung zum **Kloster Agía Triáda** (auch Kloster Tsangarólou) erreichen. Hier biegen wir rechts ab, nach etwa einem Kilometer wieder rechts und erreichen durch eine Allee nach einem weiteren Kilometer das große Kloster.

Ágia Triáda beherbergt heute ein Priesterseminar, ist vor wenigen Jahren renoviert worden und sieht entsprechend gepflegt aus. Man betritt es über eine breite Treppe durch einen dunklen Torbogen, wo der Kassierer sitzt.

Gleich rechts im Klosterhof der berühmte Orangenbaum, dem die Zweige dreier anderer Zitrusfruchtbäume (Limone, Zitrone und Mandarine) aufgepfropft wurden. Und das Ganze wächst und gedeiht.

Die Klosterkirche ist ungewöhnlich angelegt: eine rechteckige Vorkirche und dahinter eine Hauptkirche bzw. ein Chor mit großer Rundkuppel und kleineren Kuppeln ringsherum. In der Hauptkirche eine besonders reich verzierte Ikonostase mit Ikonen darin; sie stammt aus dem Jahr 1887. Die Deckenmalerei ist sehr gut restauriert. Fotografieren ist wie üblich verboten. Aber die Kirche von außen und ihre Umgebung bieten interessante Motive.

Die Toilette liegt außerhalb des Klosters (ab dem Parkplatz ausgeschildert). Aber Vorsicht: Es handelt sich um ein typisch mediterranes Stehklosett!

Über den großen Parkplatz außerhalb des Klosterhofes fahren wir weiter zum **Kloster Gouvernéto**. Auch dieses Kloster ist sehenswert, allerdings sind die Mönche seit einigen Jahren lieber unter sich: Das allerletzte Stück der Zufahrtstraße ist jetzt gesperrt, und an mehreren Stellen stehen Schilder, die exakt auflisten, was alles hier nicht erwünscht ist: unschickliche Bekleidung und Mobiltelefone sowieso, aber auch das Fotografieren und Filmen im gesamten Klostergelände. Außerdem ist das Kloster nur zu sehr eingeschränkten Zeiten zu betreten, ansonsten Monks only!

Falls wir also nicht hinein können (oder wollen), trösten wir uns damit, dass der Weg hierher interessant war und fahren zurück nach **Agía Triáda**, biegen dann aber am Ende der Allee nach rechts ab Richtung **Chorafákia**.

Wir durchfahren dieses Dorf und bewundern die vielen neuen Häuser, die hier wie überall auf der Halbinsel stehen. Das erklärt sich ganz leicht: Wer hier auch nur ein bisschen Land besaß, hat sich beim Flughafenbau gesundgestoßen!

Ähnlich sieht es im nächsten Dorf aus. **Stavrós** wurde berühmt, weil hier die Strand- und Bergwerksszenen für den Film „Alexis Zorbas" gedreht wurden. Heute ist es ein über die kleine Ebene verstreuter Badeort mit zu vielen zu wenig ausgelasteten Ferienanlagen. Die kleine Badebucht ist vor allem für Kinder ein Traum!

Nachdem wir vielleicht gebadet oder etwas gegessen und getrunken haben, fahren wir zurück bis **Chorafákia** und biegen dort rechts ab Richtung **Chaniá**. Über **Kalathás** (vor etwa 30 Jahren so gut wie nicht existent und heute fast eine Kleinstadt) und **Kounoupidianá** folgen wir nur noch der allgegenwärtigen Beschilderung nach **Chaniá**.

Alternativ kann man von den Venizélos-Gräbern wieder Richtung **Stérnes** fahren und dann die Straße nach **Soúda** hinunter nehmen, mit schönem Blick auf den Hafen und die Fähr- bzw. Kreuzfahrtschiffe.

Und wer den englischen Soldatenfriedhof besichtigen möchte: er ist unten von der Straße nach links ausgeschildert. Und den Weg zurück nach **Chaniá** … den finden Sie dann leicht!

Tour 2 – Westliche Nordküste und Rodopoú

Trotz der Länge ist die Tour überschaubar.

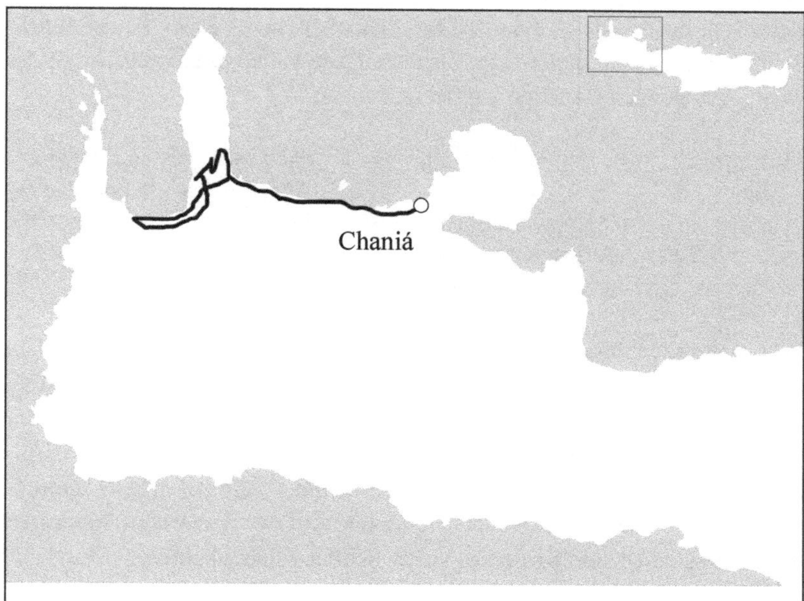

Streckenlänge	ca. 160 km
Straßenbeschaffenheit	durchweg Asphalt
Schwierigkeitsgrad	Normal-Pkw
Begeisterungsfaktor	Kreta-üblich

Streckenverlauf: Chaniá – Plataniás – Máleme – Kolymbári – Kloster Goniás – Kadettendenkmal – Afráta – Astrátigos – Rodopós – Ravdhoúcha – Kalydónia – Drapaniás – Kaloudianá – Kastélli – Chaniá

Alternative Startorte: Es bieten sich alle Urlaubsorte zwischen **Chaniá** und **Kastélli** an, aber auch Orte östlich von **Chaniá** wie **Kalýves** oder auf der **Akrotíri**. Die Tourenlänge von 160 Kilometern relativiert sich durch den erheblichen Anteil der New Road an der Strecke.

Wir verlassen **Chaniá** entweder über die alte Straße Richtung Westen und fahren über **Agía Marína**, **Plataniás** und **Máleme**, oder nehmen die New Road (ich bevorzuge ja die alten Straßen, aber dieses Stück hat in puncto Schönheit nichts zu bieten – im Gegenteil, die vielen Ortsdurchfahrten der wenig spannenden Badeorte langweilen eher).

Unser erstes Tagesziel heißt Kolymbári.
Das kleine Fischerdorf hat sich inzwischen zu einem Touristenort gemausert. Es ist aber alles noch gedämpfter als anderswo, der Fischerhafen beschaulich, der Fisch in den Tavernen lecker und das nahegelegene Kloster Goniás ein imposanter aber abweisend wirkender Bau.

Dies stellen wir fest, nachdem wir **Kolymbári** hinter uns gelassen haben und nach Norden die Halbinsel **Rodopoú** hinauf fahren. Die Besichtigung des Klosters ist ein wenig schwierig, da es so gut wie keine Parkmöglichkeit gibt. Auch die Fotografen werden nicht begeistert sein, denn eine formatfüllende Aufnahme vom Kloster von der schmalen Straße aus scheint unmöglich zu sein … doch sie können sich trösten: Auf der Weiterfahrt bietet sich noch Gelegenheit, das Kloster in voller Schönheit abzulichten.

Innerhalb des Klosters ist Fotografieren und Filmen verboten. Trotzdem lohnt eine Besichtigung, denn von innen ist es wesentlich einladender. Auch das Klostermuseum ist sehenswert. Und die Mauer mit der türkischen Kanonenkugel drin ist berühmt.

Einige hundert Meter nach dem Kloster könnten wir schon anhalten und fotografieren. Doch Vorsicht, die Straße ist dort etwas unübersichtlich. Ich empfehle also, noch zu warten, bis links ein Hinweisschild zu einem **Denkmal für im Krieg gefallene griechische Kadetten** weist. Doch nicht das imposante Denkmal ist der Grund für den Abstecher, auch nicht der Platz, der eine eigene Ruhe und Würde ausstrahlt, wenn es dort nicht gerade vor Besuchern wimmelt, es ist der ausgesuchte Blick auf das **Kloster Goniás**, auf **Kolymbári** und auf die Küste.

Das Tor zum Denkmalgelände ist meist geschlossen, nicht verschlossen. Man darf gerne hineingehen, sollte das Tor aber hinter sich schließen.

Zurück auf der Hauptstraße, fahren wir nach Norden weiter. Die Straße ist gut asphaltiert, natürlich kurvenreich, die Landschaft ziemlich karg.

Freilaufende Ziegen sind auch hier bemüht, das Grün nicht zu übermütig werden zu lassen.

Der nächste Ort ist Afráta, dessen uraltes Kafenío am Dorfplatz zu einer kurzen Rast einlädt. Zum Strand führt vom Dorfplatz aus eine wenige Kilometer lange schmale und teils steile aber landschaftlich imposante Asphaltstraße. Afráta-Beach verfügt sogar über so etwas wie eine touristische Infrastruktur, obwohl sich sicherlich nur wenige Touristen hierher verirren: eine Taverne, die auch ein paar Liegestühle und Sonnenschirme anbietet, und eine Toilette.

Vom Dorfplatz in **Afráta** aus nehmen wir nun die Straße nach Westen Richtung **Astrátigos** und halten uns hinter dem Dorf rechts Richtung **Rodopós** (der Hauptort der Halbinsel).

Das Dorf ist recht groß. Es gibt drei Kirchen: eine direkt neben der Schule mit interessanter Architektur, eine große an der Hauptstraße, die seltsam farblos wirkt – sie ist neu, aber (noch) nicht gestrichen – und ein kleines sehr altes Kirchlein kurz vor dem Dorfende.

Apropos Dorfende: Hier ist wirklich die Straße für Normal-Pkw zu Ende. Wer weiter bis zum Kap Skála fahren will, sollte über ein Fahrzeug mit Allradantrieb und größerer Bodenfreiheit verfügen.

Wir drehen hier also um und fahren wieder nach Süden. Bei allen folgenden Gabelungen und Abzweigungen halten wir uns rechts immer in Richtung **Ravdoúcha**, oberhalb der Westküste der Halbinsel.

Im Dorf fahren wir bis zur großen Kirche, die links an der Straße liegt (wir haben vorher schon ein altes Kirchlein passiert). Direkt gegenüber der Kirche biegt rechts ein asphaltierter Weg ab, der steil hinunter zum Meer führt (Schild: Pros Paralia Tavern, was soviel heißt wie: zum Strand und zur Taverne).

Hinunter zum Strand sind es ca. 2,5 km. Etwa nach einem Kilometer steht rechts oberhalb des Weges eine in den Hang gebaute kleine Kirche mit Fresken und Wandmalereien im Inneren. Sie ist allerdings nicht immer offen. Unterhalb der Kirche liegt der alte Waschplatz, zu dem früher die Frauen aus dem Dorf hinunter pilgerten, als es weder fließendes Wasser gab noch Elektrizität – und schon gar keine Waschmaschinen. Vor der Kirche liegt ein kleiner Picknickplatz mit

Steinbänken und -tischen und einem überwältigenden Blick auf den Golf von Kastélli.
Leider wird dieser Blick seit einiger Zeit getrübt durch ein neues Appartementhaus unterhalb der Straße: das Panorama ist immer noch herrlich, aber man schaut eben von oben auf diesen Betonklotz.

Weiter unten gabelt sich der Weg: rechts führt er zur **Paralía Ravdoúcha**, die aus etwa 2,5 Häusern besteht, von denen eines die ausgeschilderte Fischtaverne I Nerantsia ist. Sie liegt etwas vom Meer entfernt unter Olivenbäumen und bietet preiswertes Essen. Der Strand ist flach und klein, ein paar Fischerboote dümpeln an einer kleinen Mole.

Vom Strand aus fahren wir zurück zu der Weggabelung und biegen jetzt rechts ab. Links der Straße liegt nach kurzer Strecke eine kleine, in den Felsen gebaute Kirche mit einem Picknickplatz davor.

Am Ende dieses Weges (nach etwa einem Kilometer) liegt die Taverne Vrachos sto Kyma (Wave on the Rocks), wo man auch Zimmer vermietet. Der Strand ist grobkieslig bis felsig, aber wir sind ja nicht zum Baden hier.

Also drehen wir um, fahren wieder hinauf nach **Ravdoúcha** und durch das Dorf zurück zur Hauptstraße Richtung **Kamára** und **Kalydónia**.

Wer genug hat, kann vor **Kalydónia** auf die New Road nach **Chaniá** einbiegen, wir anderen fahren ins Dorf hinein und dann auf der alten Straße Richtung **Kastélli Kissámou** weiter durchs grüne Hinterland. Die Strecke über **Plakálona**, **Lyridianá**, **Drapaniás** und **Kaloudianá** hat zwar keine landschaftlichen Höhepunkte aufzuweisen, aber ist dennoch interessant, vor allem wenn wir uns vor Augen halten, dass über sie vor der Fertigstellung der New Road der gesamte Lkw- und Pkw-Verkehr nach Westen rollte. Und wir freuen uns, dass die meisten jetzt auf der neuen Straße fahren.

Wir übrigens auch: Etwa zwei Kilometer vor **Kastélli Kissámou** erreichen wir die New Road und düsen düsen düsen nun auf ihr zurück nach **Chaniá**.

Damit wir nicht zu übermütig werden, erinnern uns zwischen **Nopígia** und **Kalydónia** riesige gelbe Schilder an die Gefährlichkeit der Strecke und daran, dass man in Kurven nicht überholen soll. Vermutlich hat es an dieser Stelle viele Unfälle gegeben, als die Straße noch neu war! Dabei wirkt sie so harmlos … aber man ist ja nicht ganz allein dort. Also Eile mit Weile, die Zeit auf den knapp 40 Kilometern vergeht auch so wie im Flug.

Tour 3 – Durch die Weißen Berge in den Süden

Die Strecke gehört sicherlich zu den landschaftlich imposantesten und abwechslungsreichsten auf Kreta. Rein zufällig kommt man auch an der Samariá-Schlucht vorbei, und genauso wie man sie einmal durchlaufen haben muss, genauso muss man diese Strecke einmal gefahren sein. Sie zieht sich zwar ganz schön, aber es lohnt sich!

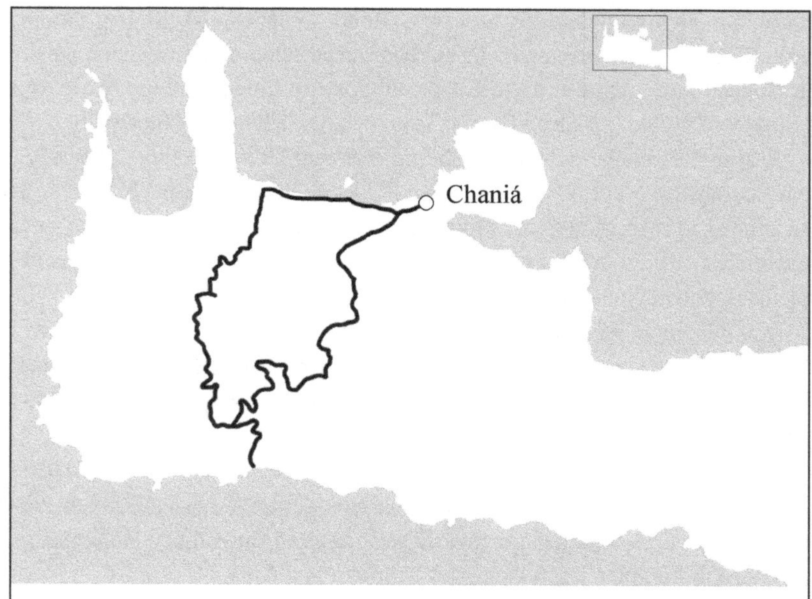

Streckenlänge	ca. 180 km plus 30 km optional
Straßenbeschaffenheit	durchweg Asphalt
Schwierigkeitsgrad	Normal-Pkw
Begeisterungsfaktor	heftig

Streckenverlauf: Chaniá – Agiá – Forunés – Lákki – Omalós-Hochebene (Samariá) – Agía Iríni – Kámbanos – Rodováni – Soúgia – Rodováni – (optionaler Abstecher über Pródromi nach Paleochóra) – Kándanos – Kakópetros – Zimbragós – Voukoliés – Nerianá – Tavronítis – Chaniá

Alternative Startorte: Es bieten sich alle Urlaubsorte zwischen **Chaniá** und **Kastélli Kissámou** an, es muss nur der erste und der letzte Teil der Tour angepasst werden. Und natürlich kann man die Rundtour auch in **Soúgia** oder **Paleochóra** starten und wieder beenden.

Wir verlassen **Chaniá** auf der alten Straße Richtung Westen. An einer Stelle müssen wir aufpassen, denn der Abzweig Richtung **Omalós** ist zwar ausgeschildert, aber etwas unübersichtlich gestaltet. Da hier meist viel Verkehr herrscht, ist einiges an Aufmerksamkeit nötig, um ihn nicht zu verpassen.

Wir fahren noch an der Abzweigung nach **Thérissos** vorbei, dann aber kommt eine Brücke, wo wir uns an der Ampel links einordnen und dann halblinks Richtung **Omalós** und New Road abbiegen. Nach etwa eineinhalb Kilometern unterqueren wir die Nationalstraße und fahren dann weiter geradeaus nach **Agiá** und ein Stück dahinter an einem wahren Wald von Hinweisschildern geradeaus weiter (immer noch Richtung **Omalós**)!

In **Fournés** biegen wir rechts ab und dann am Dorfende links. Wenn wir bald darauf an einer Taverne auf der linken Seite (und je nach Jahreszeit an einem Verkaufsstand für Honig u. ä. gegenüber) vorbeikommen, sind wir richtig. Einige hundert Meter weiter überquert die Straße eine Brücke, rechts daneben eine alte Stahlbrücke.

Von nun an geht es in Serpentinen den Berg hinauf, bis wir nach ca. zwei Kilometern die erste Sehenswürdigkeit erreichen, den Botanical Park Crete. Der Parkplatz ist auffallend beschildert und beflaggt. Wir fahren also rechts das kleine Stück den steilen Berg hinunter bis zum Restaurant.

Hier ist ein Naturkleinod entstanden, das eine Begehung wert ist. Je nach Jahreszeit blühen dort zahllose Pflanzenarten oder tragen Früchte. Man sollte allerdings einigermaßen gut zu Fuß sein, denn es sind etliche Höhenmeter zu überwinden (man kann kostenlos Stöcke ausleihen).

Das Restaurant bietet ausgezeichnete traditionelle kretische Küche, oder wie es ein Journalist ausdrückte: Die Kreta-Diät schlägt zurück!

Der Park ist im Sommer täglich von 8.00-20.30 Uhr geöffnet, Eintritt 4 Euro, Kinder unter 12 Jahren sind frei.
www.botanical-park.com

Wenn wir nicht genügend Zeit haben, heben wir uns den Park für einen anderen Tag auf. Denn hier muss man sich Zeit nehmen.

Wir fahren die Serpentinen weiter aufwärts, ignorieren die Abzweigung nach **Skordaloú**, die etwa einen Kilometer weiter in einer Serpentine nach rechts abgeht und erreichen nach wenigen Kilometern das pittoresk auf einem Kamm gelegene **Lákki** (ein oft und gern fotografiertes Motiv).

Hinter **Lákki** wird die Landschaft wilder und die Straße weniger opulent (aber natürlich weiter asphaltiert und kommod befahrbar). Da hier auch die Busse zur **Samariá-Schlucht** fahren und zurück, ist besondere Aufmerksamkeit angebracht.

Je höher man kommt, desto mehr Nadelbäume stehen abseits der Straße, die Landschaft wird felsig und die Serpentinen immer enger, bis man einen Sattel überquert und in einiger Entfernung die **Omalós**-Ebene vor sich sieht.

Die kreisförmige Omalós-Hochebene auf 1200 Metern erleben die meisten eher nebenbei, da sie in Gedanken schon in der Samariá-Schlucht sind. Die Ebene wird wie auch die anderen Hochebenen auf Kreta, vorwiegend agrarisch genutzt (es sind hier viele Schafherden unterwegs, was man den Straßen auch ansieht).

Der Ort Omalós besteht zwar nur aus wenigen Häusern, aber es werden auch Unterkünfte für Samariá-Wanderer angeboten, die schon am Vorabend hier heraufkommen.

Ein angenehmer Ausgangspunkt für Bergwanderungen ist das Neos Omalos Hotel (ganzjährig geöffnet). Wir fahren immer geradeaus durch die Ebene, bis die Straße an den Parkplätzen zur Schlucht endet. Wir genießen den Blick in die Weißen Berge und auf ihren höchsten Gipfel, den Gíngilos, und beobachten die Scharen der Wanderer, die die hölzernen Treppen hinunter entschwinden. Dann machen auch wir uns auf den Weg. Auf einen bequemeren allerdings ...

Auf der Fahrt zurück biegen wir beim ersten allein stehenden Natursteinhaus links Richtung **Soúgia** ab und fahren zum westlichem Ausgang der Ebene. An den folgenden Gabelungen bzw. Abzweigungen ohne Beschilderung halten wir uns immer links. Beim Verlassen der Ebene grüßt linkerhand eine kleine weiße Kirche.

Das folgende Straßenstück ist ausgesprochen großzügig ausgebaut. Dennoch sollte man der Versuchung widerstehen, allzu locker mit dem Gaspedal umzugehen, denn es gibt keine nennenswerte Randbegrenzung hier. Außerdem liegen auch schon mal Steine auf der Straße.

Auf dem Bergrücken gegenüber verschandeln zahlreiche Windräder das Panorama. Ökologisch gesehen machen sie natürlich Sinn.

Dann treffen wir auf die Nord-Süd-Strecke und biegen links Richtung **Soúgia** ein. Immer noch ist die Straße bestens ausgebaut. In weiten Kurven schwingt sie bergab, bis die Herrlichkeit beim Dörfchen **Agía Iríni** ein

Ende hat, d. h. ab hier ist sie wieder eine ganz normale kretische Straße. Wir durchfahren mehrere Dörfer und biegen dann hinter **Kámbanos** links ab, den Berg hinauf Richtung **Maralíes**.

Die ganze folgende Strecke begleitet uns linkerhand ein imposanter Bergrücken. Ein wunderbares Motiv für eine Panoramaaufnahme. Allerdings sollten wir nicht vergessen, auf den Verkehr zu achten.

Direkt vor **Rodováni** biegen wir links ab, immer noch Richtung **Soúgia**. Weiterhin ist es recht grün in der näheren Umgebung und man sieht die gewaltigen Berge nun von der anderen Seite. Die Straße ist zwar immer noch kurvenreich, aber wieder bestens ausgebaut und sehr entspannt zu fahren. Man kann das Auto fast rollen lassen. Hinter dem Dörfchen **Moní** rücken die Berge allmählich näher zusammen und die Nadelbäume werden zahlreicher, Schluchtgefühl kommt allerdings nicht auf.

Ein kleines, rot angestrichenes Gebäude namens Fortuna-Club links der Straße kündigt **Soúgia** an. Die Piktogramme tanzender Damen auf der Hauswand lassen Unzutreffendes vermuten. Es ist nur eine Disco!

Beim Passieren der Ortseinfahrt von **Soúgia** erinnern uns Straßenschwellen daran, langsam zu fahren, aber das tun wir ja sowieso. Gemächlich rollen wir die Gasse hinunter zum Meer.

Der kleine Badeort an der Südküste ist zwar durch Busse mit dem übrigen Kreta verbunden, wirkt aber immer noch ein wenig wie das verlängerte Rückgrat der Welt. Wer die Ruhe liebt und es mag, dass nach wenigen Tagen jeder jeden kennt, der ist hier sehr gut aufgehoben. Es gibt im Dorf zahlreiche Zimmervermieter und gute Tavernen an der Uferpromenade und an der Zufahrtsstraße.

Allmählich wird es Zeit, ans Essen zu denken. Welches Lokal man für das beste hält, ist Geschmacksache, ich für meinen Teil war im Lyvikon immer sehr zufrieden. Nachdem wir den Fischerhafen angeschaut haben (etwas außerhalb Richtung Westen, also von der Zufahrtsstraße aus rechts), gönnen wir uns am besten eine Pause (das Lyvikon ist vom Hafen aus gleich das erste Lokal, und es gibt keine Parkplatzprobleme). Man sitzt schön, mit direktem Blick auf Strand und Meer und auf die roten Plastikblumen, mit denen die Decke der Terrasse liebevoll geschmückt ist.

Da wir hier ja quasi am Ende der Welt sind, müssen wir erst einmal die knapp zehn Kilometer nach **Rodováni** zurückfahren. Von dort geht es geradeaus weiter Richtung **Kándanos**, durch **Rodováni** und **Máza**.

Hinter **Máza** können wir uns entscheiden: Bleiben wir auf der Hauptstraße oder nehmen wir noch den optionalen Abstecher mit (ca. 30 km mehr)? In ersterem Fall fahren wir geradeaus weiter nach **Kándanos**. Für den Abstecher biegen wir hier Richtung **Paleochóra** links ab. Die Straße ist durchgehend asphaltiert, aber landestypisch etwas schmaler.

Aufgepasst: Vor dem Dorf **Platanés** müssen wir links abbiegen (Ausschilderung **Prodrómi**). Wenn wir der vermeintlichen Hauptstraße folgen, kommen wir zwar auch nach **Paleochóra**, müssen dafür aber hinter **Platanés** ein Stück Schotterstrecke überwinden und verpassen auch die beeindruckende Strecke, die wir eigentlich fahren wollten.

Wir biegen also ab und folgen der kurvenreichen Straße in ein weitläufiges Tal. Die Berghänge sind hier noch karger, die Vegetation besteht fast nur noch aus Macchia, kaum noch Bäume, und dazwischen windet sich die Straße an abenteuerlich steilen Felshängen entlang. Eine 5-Sterne-Strecke, aber ungefährlich.

Es geht bergab, bis wir das kleine Dörfchen **Anídri** erreichen. Direkt an der Straße liegt hier ein kleines, etwas alternativ aussehendes aber gemütliches Kafenío. Betrieben wird es von einem Griechen und seiner deutschen Ehefrau – ein Stopp lohnt sich!

Und dann bekommen wir überraschend noch einen kleinen Höhepunkt geboten: Hinter **Anídri** führt die Straße durch eine Schlucht bis fast zum Meer. Sie hat keinen Namen (ich kenne ihn jedenfalls nicht), ist nicht unbedingt gewaltig, aber es gibt auf Kreta andere, die sich zwar Schluchten nennen, aber weitaus weniger hermachen.

Ein Stück vor dem Campingplatz von **Paleochóra** kommen wir ans Meer. Den links abbiegenden E4-Wanderweg lassen wir liegen wo er liegt und fahren nach **Paleochóra** hinein.

Paleochóra an der Südwestecke von Kreta ist schon sehr lange ein beliebtes Ziel für Individualtouristen. Jedes Jahr ist ein bisschen mehr los.

Das große Fischerdorf mit etwa 1400 Einwohnern liegt auf einer Landzunge und hat also rechts wie links Meer zu bieten. Sehenswürdigkeiten gibt es hier keine. Vom venezianischen Kastell auf dem kleinen Plateau über dem Ort sind nur noch ein paar Grundmauern übrig. Allerdings lohnt sich ein Spaziergang hinauf schon wegen der Aussicht.

Paleochóra-Veteranen beklagen oft gerne den Einzug des organisierten Tourismus'. Der Ort liegt doch nicht weit genug ab vom Schuss, oder es gibt zu viel Mundpropaganda: Auch hier kann man auf Busreisegesellschaften treffen, die des abends in Weinlaune schwäbische Volkslieder singen. Nun, ganz ruhig ist der Ort schon sehr lange nicht mehr, nur hat inzwischen auch hier diese Art Reisende Einzug gehalten, so ist es eben.

Hier gibt es natürlich eine große Auswahl an guten Lokalen, sei es in der Hauptstraße (die abends zur Fußgängerzone wird) oder am Hafen.

Wir verlassen den Ort Richtung Norden über die Hauptstraße nach **Chaniá**, durch die berühmte Allee, die gleich hinter dem Ortsausgang zu einer opulent ausgebauten Schnellstraße wird.

Noch vor **Kándanos** steht auf der rechten Straßenseite neben einer schmucken Kirche ein Kriegerdenkmal für die Gefallenen der deutschen Okkupation, davor die Statue von Doktor Andreas Archontakis, einem lokalen Helden des Widerstands.

Nach weiteren zwei Kilometern erreichen wir **Kándanos.**

Das Dorf erlebte unter der deutschen Besatzung im Zweiten Weltkrieg das düsterste Kapitel seiner Geschichte: Die Bevölkerung hatte geschlossen eine deutsche Einheit angegriffen und etwa 25 deutsche Soldaten getötet. Und wie so oft war die Bestrafung drakonisch: das Dorf wurde ausradiert, dem Erdboden gleichgemacht, alle Bewohner getötet. Auf dem Dorfplatz erinnern Inschriftentafeln daran, außerdem am Ortseingang von Chaniá her ein Denkmal. Deshalb wirkt das Dorf so wenig ursprünglich: es ist erst knapp 60 Jahre alt.

Die folgende Strecke braucht eigentlich nicht beschrieben zu werden. Sie ist zum größten Teil gut ausgebaut und verglichen mit anderen von heute fast langweilig. Verfahren kann man sich eigentlich nicht.

Über **Kakópetros**, **Zimbragós**, **Voukoliés** und **Nerianá** fahren wir nach Norden. Kurz vor **Tavronítis** kreuzen wir die New Road von **Chaniá** nach **Kastélli Kissámou**. Und die nehmen wir nun zurück nach **Chaniá** … der Kurven sollen es für heute genug gewesen sein.

Tour 4 – Durch drei Schluchten nach Süden

Westlich der berühmten Samariá-Schlucht sind noch allerhand andere Schluchten zu finden. Für uns von Interesse ist eine Strecke, die gleich durch drei der Schluchten führt, und die nehmen wir jetzt unter die Räder.

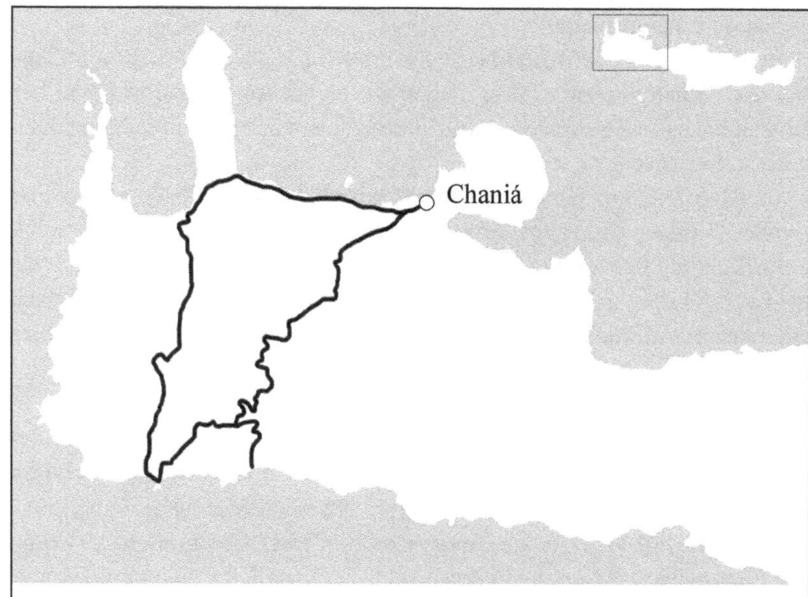

Streckenlänge	ca. 200 km
Straßenbeschaffenheit	durchweg Asphalt
Schwierigkeitsgrad	Normal-Pkw
Begeisterungsfaktor	erhöht

Streckenverlauf: Chaniá – Drapaniás – Pervolákia – Sásalos – Mylónes – Alígi – Chondrós – Sarakína – Kondokinígi – Paleochóra – Azogirés – Teménia – Rodováni – (Soúgia) – Kámbanos – Epanochóri – Selianá – Práses – Néa Roúmata – Chlíaro – Skinés – Agiá – Chania

Alternative Startorte: Es bieten sich alle Urlaubsorte zwischen **Chaniá** und **Kastélli** an, in diesem Fall muss nur der erste und der letzte Teil der Tour angepasst werden. Und natürlich kann man die Rundtour auch in **Soúgia** oder **Paleochóra** starten und wieder beenden. Auch von den näher gelegenen Urlaubsorten östlich von **Chaniá** (**Kalýves**, **Georgioúpolis**) oder von der Halbinsel **Akrotíri** (**Stavrós**) ist es ein gut machbarer Ausflug. Aber einen ganzen Tag sollte man dafür schon einplanen und möglichst früh aufbrechen.

Um zu unserem eigentlichen Startpunkt zu gelangen, fahren wir von **Chaniá** (oder den alternativen Startorten) aus erst einmal die New Road Richtung Westen. Kurz vor **Kastélli** (6 km) verlassen wir die Schnellstraße an der Ausfahrt **Nopígia** und biegen links ab (ja, das ist hier erlaubt!) nach Süden, also ins Inselinnere.

Schnell ist das Dorf **Koléni** erreicht, wo wir auf die alte Straße von **Chaniá** nach **Kastélli** treffen. Hier biegen wir rechts ein und sofort hinter der Brücke links (eine besondere Ausschilderung ist mir nicht aufgefallen, doch auch so ist es nicht zu verfehlen).

Im nächsten Dorf **Kotsianá** nehmen wir an der Weggabelung die rechte Straße Richtung **Charavgí**. Auf der Anhöhe fahren wir an einem T-Stück links Richtung **Pervolákia**. Wir fahren durch das Dorf (das dauert länger als man vermutet, es geht ein Stück durch freies Land, erst hinunter und nach einer scharfen Linkskurve wieder hinauf), dann biegen wir auf der wieder erklommenen Anhöhe bei den letzten Häusern von **Pervolákia** rechts auf die Straße Richtung **Sfakopigádi** ein.

Hinter dem Dorf **Trialónia** müssen wir aufpassen, denn die Beschilderung ist etwas verwirrend. Wir biegen auf jeden Fall rechts ab Richtung **Maláthyros**, auch wenn uns unser Gefühl etwas anderes sagen sollte.

Auch **Maláthyros** ist ein langgestrecktes Dorf, die hübsche Dorfkirche liegt irgendwo zwischen den einzelnen „Ortsteilen“. Nun kommen wir endlich zur ersten Schlucht, die **Porofárango**. Die Straße führt am linken Abhang entlang, die Schlucht scheint nicht gerade weltbewegend zu sein. Wenn wir hier aber anhalten und einen Blick zurück werfen, so stellen wir fest: Am Hauptteil der Schlucht sind wir gerade vorbeigefahren; sie liegt, anders als die Karte es vermuten lässt, doch ein Stückchen abseits der Straße. Na, es kommen ja noch zwei.

Im Dorf **Sásalos** biegen wir rechts ab Richtung **Mylonés**, vorbei an der Dorfschule, die mit auffallender Beschilderung um Rücksicht für die Kinder bittet. Aber das ist uns doch selbstverständlich!

Es folgen nun einige recht enge Meter, dann aber weitet sich das Tal, die Hügel rechts und links sind toskanisch sanft, mit üppigem Grün an den Hängen und rechts und links der breiten und relativ kurvenarmen Straße … und plötzlich sind wir in **Mylonés**. Wo ist denn die **Mylonofárango** (die Mühlenschlucht) geblieben?

Sorry, das war sie eben, und wir fragen uns, wie man eine solche Mogelpackung Schlucht nennen kann! Doch wir ärgern uns natürlich nicht, denn schön ist die Strecke allemal!

Nun geht es in weiten Kurven zu Tal, die Hänge werden karger. Unten treffen wir wieder einmal auf ein T-Stück und folgen dem Schild (nur auf Griechisch) nach rechts Richtung **Strovlés**.

Noch vor dem Dorf nehmen wir die erste Abzweigung nach links (Richtung **Sarakína** und **Voutá**). Sie gabelt sich nach ca. zwei Kilometern. Wir nehmen die linke Straße nach **Sarakína**. Und kommen nach einigen weiteren Kilometern zur dritten Schlucht **Chondrianó Fárango** (benannt nach dem nächsten Dorf **Chondrós**), die sich allerdings eher als steiles bewaldetes Tal entpuppt. Na, eigentlich haben wir auch kaum mehr erwartet, landschaftlich gewaltig ist sie allemal.

Sarakína, das nächste Dorf, ist recht hübsch. Gegenüber der Kirche am Ortsende steht eine verfallene Wassermühle, daneben liegt an der Straße ein vergammelter Kinderspielplatz mit Schaukel und Rutsche. Wer da wohl spielen mag?

Die anschließende Strecke führt durch ein anmutiges Tal (verwunderlich, dass es nicht auch als Schlucht bezeichnet wird) mit viel Grün und zahllosen Oleanderbüschen. Mehrere kleine Fußgängerbrücken aus Stahl queren das im Sommer trockene Bachbett neben der Straße.

Kurz vor **Kontokinígi** trifft von rechts die Straße von **Voutá** wieder auf unsere Strecke, wir aber fahren unbeirrt weiter Richtung **Paleochóra**. Bald öffnet sich der Blick aufs Libysche Meer, und wir nähern uns dem Städtchen auf der Landzunge. Von hier aus ist **Paleochóra** besonders fotogen. Freundlicherweise gibt es einen kleinen Parkplatz, von wo aus man ohne Sorge vor dem Verkehr seine Fotos machen kann.

Paleochóra an der Südwestecke von Kreta ist schon sehr lange ein beliebtes Ziel für Individualtouristen. Jedes Jahr ist ein bisschen mehr los.

Das große Fischerdorf mit etwa 1400 Einwohnern liegt auf einer Landzunge und hat also rechts wie links Meer zu bieten. Sehenswürdigkeiten gibt es hier keine. Vom venezianischen Kastell auf dem kleinen Plateau über dem Ort sind nur noch ein paar Grundmauern übrig. Allerdings lohnt sich ein Spaziergang hinauf schon wegen der Aussicht.

Paleochóra-Veteranen beklagen oft gerne den Einzug des organisierten Tourismus'. Der Ort liegt doch nicht weit genug ab vom Schuss, oder es gibt zu viel Mundpropaganda: Auch hier kann man auf Busreisegesellschaften treffen, die des abends in Weinlaune schwäbische Volkslieder singen. Nun, ganz ruhig ist der Ort schon sehr lange nicht mehr, nur hat inzwischen auch hier diese Art Reisende Einzug gehalten, so ist es halt.

Wer schon genug hat, kann von **Paleochóra** aus die Hauptstrecke nach **Chaniá** zurück nehmen. Ich gehe davon aus, dass wir noch nicht genug haben. Deshalb verlassen wir **Paleochóra** zwar auch Richtung **Chaniá** auf der hervorragend ausgebauten Straße, aber hier bleiben wir nicht lange: Nach knapp drei Kilometern sehen wir auf dem Abhang vor uns eine kleine Kirche mit einem auffallenden zartblauen Türmchen. Diese Kirche ist usere Wegmarke, denn hinter der nächsten Rechtskurve lauert schon die Abzweigung nach **Azogirés** und **Soúgia**. Und die nehmen wir!

Direkt an dem Kirchlein vorbei schraubt sie sich teilweise recht steil den Berg hinauf, zur Abwechslung ist auch die Vegetation wieder üppiger. Nach etwa fünf Kilometern ist **Azogirés** erreicht, ein winziges Dorf mit zwei Tavernen und einem Kafenío an der Durchgangsstraße. Nichts Besonderes also? Aber doch!

Azogirés ist bekannt wegen der Höhle der Heiligen Väter (Spiláeo Agíon Patéron), der 99 Mönche, die dort gelebt haben sollen. Sie waren Getreue des Heiligen Johannes, der später auf der Halbinsel Akrotíri als Eremit lebte und von einem Jäger erschossen wurde, der den in Fell Gekleideten für einen Bären hielt. Sein Tod hatte auch für die Heiligen Väter Folgen, denn sie hatten sich geschworen, wenn einer von ihnen stürbe, würden sie alle in den Tod gehen. Der Heilige Johannes hatte dem Jäger zwar verziehen und ihn beauftragt, nach Azogirés zu eilen und den anderen Mönchen zu sagen, dass er nicht wolle, dass sie ihr Gelübde einhalten. Doch der Jäger kam zu spät: Als er eintraf, hatten sich alle schon das Leben genommen. Sicherlich eine Legende, deren Wahrheitsgehalt anzuzweifeln ist, denn wie hatten die Mönche denn vom Tod des Heiligen Johannes erfahren? Aber sie passt zu Kreta.

Gleich am Ortseingang ist der Weg zur Höhle rechts ausgeschildert. Nach etwa zwei Kilometern auf einem sehr engen Zufahrtsweg (hoffentlich kommt niemand entgegen) muss man vor einer ehemaligen Olivenölfabrik das Auto stehen lassen Der Fußweg zur Höhle führt links von der Fabrik den Berg hinauf und ist ausgeschildert. Man kann die Höhle besichtigen, jedoch nur über Leitern und auf eigene Gefahr, eine Taschenlampe ist Voraussetzung!

Vor der Fabrik steht eine immergrüne Platane (wofür angeblich die Heiligen Väter verantwortlich sind), hinter der Fabrik bildet der Bach mehrere kleine Wasserfälle (ein schöner Platz für ein Picknick).

Wir folgen dem Fußweg über den Bach und kommen nach wenigen hundert Metern zur Klosterkirche Ágii Patéres (Heilige Väter), die teilweise in den Felsen hineingebaut ist. Es gibt auch ein kleines Museum (das aber meistens geschlossen ist; den Schlüssel soll es in einer Taverne an der Durchgangsstraße geben).

Auch die weitere Strecke führt durch eine grüne und baumbestandene Landschaft ohne bombastische Höhepunkte. Dass die Straße mehrheitlich aus Kurven besteht, brauche ich wohl nicht zu erwähnen. Kurz vor **Teménia** treffen wir wieder auf die Hauptstraße und folgen ihr nach rechts Richtung **Soúgia**.

Wir kommen durch **Máza** und **Rodováni**, und werden gleich hinter **Rodováni** wieder vor die Wahl gestellt, ob es von hier aus direkt nach **Chaniá** zurück gehen soll (dann biegen wir links ab und lesen erst weiter unten weiter) oder ob wir **Soúgia** noch mitnehmen wollen (alles in allem ca. 20 Kilometer zusätzlich, dann fahren wir geradeaus weiter).

Immer noch ist die Landschaft recht grün, und die gewaltigen Berge bilden eine imposante Kulisse. Die Straße ist zwar immer noch kurvenreich, aber bestens ausgebaut und sehr entspannt zu fahren, man kann das Auto fast rollen lassen. Hinter dem Dörfchen **Moní** rücken die Berge allmählich näher zusammen und die Nadelbäume werden zahlreicher, Schluchtgefühl kommt allerdings nicht auf.

Ein kleines, rot gestrichenes Gebäude namens Fortuna-Club links der Straße kündigt **Soúgia** an. Die Piktogramme tanzender Damen auf der Hauswand lassen Unzutreffendes vermuten. Es ist nur eine Disco!

Beim Passieren der Ortseinfahrt von **Soúgia** erinnern uns Straßenschwellen daran, langsam zu fahren, aber das tun wir ja sowieso. Gemächlich rollen wir die Gasse hinunter zum Meer.

Der kleine Badeort an der Südküste ist zwar durch Busse mit dem übrigen Kreta verbunden, wirkt aber immer noch ein wenig wie das verlängerte Rückgrat der Welt. Wer die Ruhe liebt und es mag, dass nach wenigen Tagen jeder jeden kennt, der ist hier gut aufgehoben. Es gibt im Dorf zahlreiche Zimmervermieter und einige gute Tavernen an der Uferpromenade und an der Zufahrtsstraße.

Der nette Fischerhafen liegt ein kleines Stück westlich, außerhalb des Dorfes.

Da die Straße hier zu Ende ist, müssen wir die knapp zehn Kilometer nach **Rodováni** zurück.

Hier biegen wir rechts ab Richtung **Chaniá**, und dieser Richtung folgen wir bis zum Ende der Tour. Vor **Kámbanos** achten wir darauf, rechts einzubiegen, und dann geht es vorerst nur der Nase nach und wie gehabt: kurvenreich in grüner und wilder Landschaft. Ab **Agía Iríni** wird die kretische Straße zur kretischen Schnellstraße: immer noch gibt es Kurven, aber die Straße ist breit und bestens ausgebaut. Nachdem wir die Wasserscheide bei den Windrädern passiert haben und es nur noch bergab geht, müssen wir uns vermutlich schon sehr zügeln. Denken wir immer dran: Auch großzügige Kurven sind Kurven, und der kretische Asphalt wird gerne ein wenig rutschig, wenn es heiß ist. Man kann dieses Stück jedenfalls entspannt fahren. Die zwischenzeitlich karge Landschaft wird allmählich wieder grüner. Die Neubaustrecke reicht bis hinter **Sémbronas**, aber auch danach bleibt die Straße zügig befahrbar, wie wohl auch früher schon. Hinter **Prasés** steht auf einem Parkplatz ein Gedenkstein. Wer in ihm eines der omnipräsenten Denkmäler für in diversen Kriegen gefallene Einheimische vermutet, wird überrascht: Hier gedenkt man eines schweren Verkehrsunfalls von 1952, dem elf Menschen zum Opfer fielen. Das erinnert uns: immer aufmerksam bleiben!

Bei **Néa Roúmata** halten wir uns rechts (wir folgen also dem scheinbaren Hauptverlauf der Straße) und kommen dem nordkretischen Flachland immer näher. Anzeichen dafür sind die ersten Orangenbaumplantagen an der Straße, denn die Gegend, die wir nun durchfahren, ist eines der Hauptanbaugebiete auf der Insel. Insider wundern sich, dass die Früchte überhaupt noch geerntet werden, denn Orangen erzielten 2011 für den Erzeuger gerade 17 Cent pro Kilo!

Über **Chliaró**, **Skinés**, **Alikianós** und **Agiá** (wenn wir noch Lust haben, folgen wir den Hinweisschildern an der Hauptstraße zum Límni, ein kleiner künstlich angelegter See, wo wir eine Kaffeepause einlegen könnten) fahren wir nun gemächlich (und vielleicht ein ganz kleines Bisschen erschöpft) zurück nach **Chaniá**.

Tour 5 – Tief im Westen

Eine Tour, die mit spektakulärer Landschaft und Straßenführung aufwartet. Und für einen Badestopp gibt es mehrere gute Gelegenheiten …

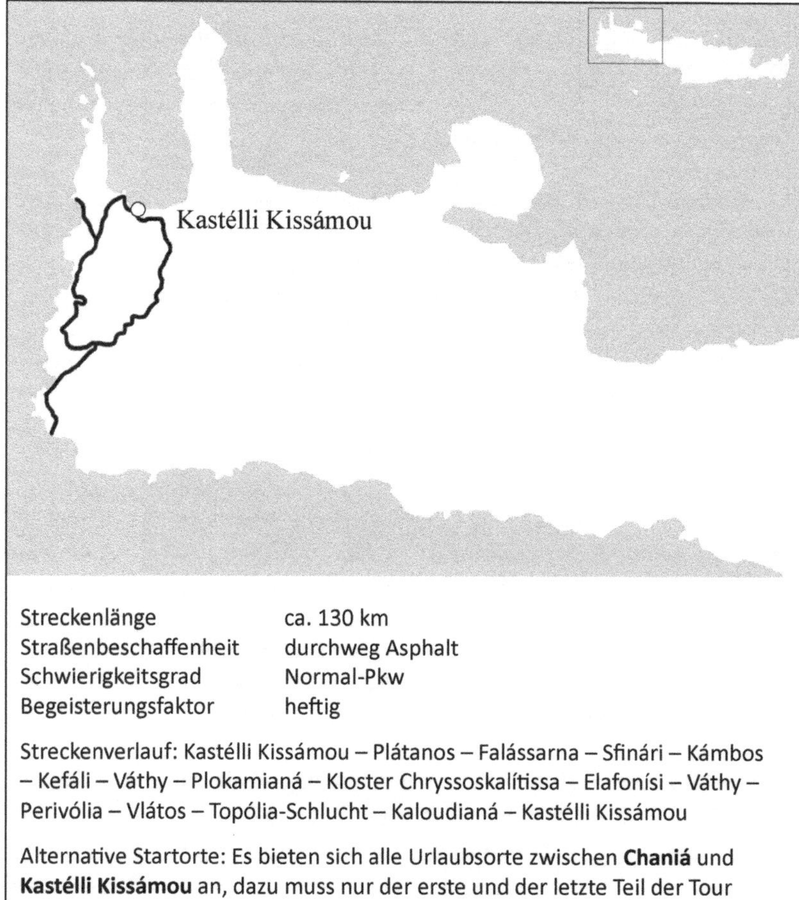

Streckenlänge	ca. 130 km
Straßenbeschaffenheit	durchweg Asphalt
Schwierigkeitsgrad	Normal-Pkw
Begeisterungsfaktor	heftig

Streckenverlauf: Kastélli Kissámou – Plátanos – Falássarna – Sfinári – Kámbos – Kefáli – Váthy – Plokamianá – Kloster Chryssoskalítissa – Elafonísi – Váthy – Perivólia – Vlátos – Topólia-Schlucht – Kaloudianá – Kastélli Kissámou

Alternative Startorte: Es bieten sich alle Urlaubsorte zwischen **Chaniá** und **Kastélli Kissámou** an, dazu muss nur der erste und der letzte Teil der Tour angepasst werden.

Wir starten in **Kastélli Kissámou**. Wer seinen Standort weiter östlich hat, kommt auf der bestens ausgebauten New Road zwischen **Chaniá** und **Kastélli** problemlos und schnell zum Startort.

Manche nennen das Städtchen Kastélli Kissámou nach dem Bezirk einfach Kíssamos.
Obwohl es ein ziemlich verschlafenes Landstädtchen zu sein scheint, bekommt man hier fast alles, was das Herz begehrt. Und Kastélli ist kein schlechter Standort für diejenigen, die den äußersten Westen der Insel auf eigene Faust erkunden wollen.
Die Durchgangsstraße umfährt den eigentlichen Ortskern südlich. Wer also nicht möglichst bald rechts abbiegt, ist schneller wieder draußen aus dem Ort, als ihm lieb ist.
Ungewohnt ist, dass Kissámou sich nicht wie andere Küstenorte malerisch um einen Fischerhafen gruppiert. Einen Hafen gibt es zwar (und er ist auch recht hübsch), aber er liegt ein paar Kilometer westlich, außerhalb des Ortes.
Noch etwa zwei Kilometer westlich davon liegt dann der Fährhafen für die Schiffsverbindungen zur Peloponnes.
Auch Kastélli Kissámou hat ein Museum aufzuweisen. Es liegt am zentralen Platz zwischen Hauptdurchgangsstraße und Meer. Hinweisschilder sorgen dafür, dass man es nicht verfehlen kann.
Das Museum zeigt ländliche Utensilien, vom Bügeleisen bis zum Eselsgeschirr, sowie alte Olivenpressen, deren Funktionsweise der deutschsprechende Museumsangestellte gerne erläutert. Dieser Mann macht einen sehr engagierten Eindruck, scheint einen Großteil der Ausstellungsstücke selbst zusammengetragen zu haben (und er wird damit sicher weitermachen).

Von **Kastélli** fahren wir auf der Hauptdurchgangsstraße nach Westen, vorbei am Fischerhafen (der für Nichtfischer und -schiffer eigentlich nur mittags oder abends wegen der Tavernen dort interessant ist). Einige Kilometer weiter passieren wir links der Straße wieder eine dieser kleinen in den Fels gemauerten Kirchlein und gleich darauf den Fährhafen von **Kastélli** (hier fahren die Schiffe zur Peloponnes und die Ausflugsschiffe nach **Gramvoússa/Bálos** ab). Direkt am Hafen steht eine prächtige mittelgroße Kirche, die irgendwie nicht hier hinzugehören scheint.

Wir folgen der wieder ausgebauten Straße weiter nach Westen bis **Plátanos**. Hier weisen an zwei Abzweigungen Schilder nach **Falássarna**. Selbst wenn wir die zweite präferieren sollten (die Schilder sind größer), die erste ist die kürzere (was sich aber auf dem Rückweg ausgleicht).

Der Blick über den Strand von **Falássarna** ist beeindruckend (wir übersehen einfach die zahlreichen Gewächshäuser), während wir die Asphaltstraße hinunterrollen. An der einzigen Abzweigung am Hang halten wir uns rechts. In den letzten Jahren wurde auch hier fleißig gebaut, doch wir lassen uns von keiner Reklame (der schönste Strand am Inka-Markt etc.) und von keinem Schild beeinflussen und fahren unbeirrt die Straße ganz bis zum Ende weiter, bis zu einem großen staubigen Parkplatz. Hier ist sozusagen der alte Ortskern.

Falássarna ist einerseits bekannt durch die wenn auch nur spärlich vorhandenen Ausgrabungen, andererseits gilt es seit längerem als einer der Geheimtipps auf Kreta für das individualreisende Volk. Es liegt weit ab vom Schuss, und trotzdem trifft man hier allerhand Leute.

Da wir uns die Ausgrabungen anschauen wollen, folgen wir in Verlängerung der Zufahrtsstraße dem Feldweg nach Norden. Nach etwa einem Kilometer erreichen wir die Ausgrabungsstätte eines alten Friedhofs, gleich rechts am Weg z. B. ein alter Sarkophag, ein Stück weiter auf der linken Seite des Weges ein steinerner (Thron-)Sessel. Dass er wirklich einmal ein Thron war, ist nicht gewiss; es wird auch vermutet, es könne ein Podium für Redner gewesen sein.

Nach 200 Metern biegen wir links ab und erreichen das Gelände, wo derzeit noch Ausgrabungen stattfinden, und weiter Richtung Meer einen ausgegrabenen Turm bzw. ein rundes turmähnliches Gebäude. Hier parken wir und folgen dem südwestlich (!) von hier verlaufenden Trampelpfad Richtung Meer. Neben Mauerresten stoßen wir dort auch auf mehrere in den Fels gehauene meist rechteckige Becken, die von Archäologen unterschiedlich gedeutet werden.

In Reiseführern wird die Behauptung verbreitet, es handle sich um ehemalige Hafenbecken, die sich nur deshalb so weit oberhalb des Meeres befänden, weil Kreta sich im Westen gehoben (und im Osten gesenkt) habe. Dass Kreta sich gehoben hat, lässt sich sehr schön an der Küstenlinie nachvollziehen. Der jetzige Steilfelsen oberhalb des Strandes war einmal Küste, der Sandstrand bildete sich erst später. Dass es hier im 4. und 3. Jahrhundert v. Chr. einen bedeutenden Hafen gab, ist bekannt.

Was aber die rechteckigen aus dem Fels gehauenen Gruben betrifft, folge ich eher der Aussage des Archäologen Wolfgang Hautumn, für Hafenbecken seien sie viel zu klein. Er vermutet, dass es sich um Steinbrüche handelt und schließt logisch, die hätten aus Transportgründen direkt am Meer gelegen.

Eine Untermauerung dieser These fand ich kürzlich im Internet: ... in einiger Entfernung von der felsigen Küste sind aus dem Fels gehauene Steinbrüche oder Zisternen zu erkennen.
Und ich darf dem noch hinzufügen: Ich habe noch nie ein Hafenbecken mit vier gleich hohen Wänden gesehen. Wie wären die Schiffe da wohl hineingekommen – sie hätten fliegen müssen. In einigen Gruben führen in den Stein gehauene Treppen bis ganz nach unten. Wer steigt in einem Hafenbecken nach ganz unten, wenn er kein Froschmann ist?

Bliebe noch anzumerken, dass man das Ausgrabungsgelände besser nicht in kurzen Hosen und Sandalen besichtigt. Nicht etwa wegen der Schicklichkeit, sondern wegen des stacheligen Gestrüpps, das in die schmalen Trampelpfade hinein wuchert.

Will jemand baden? Wenn ja, nur zu, ansonsten fahren wir weiter, d. h. erst einmal zurück nach **Plátanos**. Hier biegen wir rechts wieder auf die Hauptstraße nach Süden ein.

Der neu gebaute Highway endet hinter **Plátanos**. Ab hier müssen wir mit einer normalen kretischen Landstraße vorlieb nehmen. Aber dafür werden wir hinter jeder Kurve mit einem neuen bombastischen Blick hinunter zum Meer und auf den üppig blühenden Oleander am Straßenrand belohnt (teilweise ist die Straße sogar mit stabilen Leitplanken bewehrt). Es führen auch dann und wann Wege hinunter zum Meer, aber ohne Allradantrieb widerstehen wir der Versuchung. Runter kommt man immer, aber rauf?

Allmählich senkt sich auch die Hauptstraße wieder hinunter zum Meer, dann ist das Dorf **Sfinári** erreicht. Vorbei an einigen netten Tavernen an der Durchgangsstraße biegen wir etwa in Ortsmitte rechts ab.

Hier ist der Weg zum Sfinári Beach ausgeschildert. Wir folgen ihm, auch wenn es zunächst nicht so aussieht, dass da etwas Interessantes oder gar Schönes auf uns wartet. Rechts und links stehen Gewächshäuser und wir könnten vermuten, in einem ausschließlich landwirtschaftlich genutzten Gebiet gelandet zu sein. Und der Strand, an dem entlang wir dann nach links weiter fahren, ist zudem grobkieslig und nicht besonders anheimelnd. Doch am Ende des Weges folgt eine kleine Überraschung: Hier gibt es einige Tavernen, die wildes Campen anbieten. Hier kann man sich also durchaus eine Weile aufhalten.
Hinter Captain Fidías und To Thalámi kann man im kühlen Schatten der großen Eukalyptusbäume umsonst zelten, und einfache aber saubere sanitäre Einrichtungen gibt es auch. Es versteht sich von selbst, dass die

Besitzer der Tavernen und des Geländes (auch der Parkplätze) erwarten, dass der Besucher ausschließlich bei ihnen isst.

Wir indes fahren ins Dorf zurück und folgen der Straße nach Süden. Sie windet sich nun kurvenreich an **Áno Sfínari** vorbei in ein langes Tal hinein und an dessen Ende nach einer Spitzkehre auf der anderen Seite wieder hinaus. Es geht ständig bergauf, und nach einiger Zeit ist auch wieder das Meer zu sehen.

An der Straße stehen immer wieder Tavernen mit traumhaftem Blick von ihren Terrassen aus. Im Frühjahr und Frühsommer kann es vorkommen, dass man sich plötzlich wie im falschen Film vorkommt. Dichte Wolken wabern über die Straße, und man fragt sich, ob es gleich schneien wird. Das wohl sicher nicht, denn unten am Meer scheint unverdrossen die Sonne, wie wir erkennen, wenn die Wolkendecke kurz aufreißt.

Wir durchfahren mehrere pittoreske Dörfer. Das letzte Stück zwischen **Papadianá** und **Kefáli** ist ziemlich eng.

Dann erreichen wir die Straßengabelung, wo Schilder links nach **Chaniá** weisen (kein Gedanke daran, hier fahren wir erst später entlang!) und geradeaus/rechts nach **Chryssoskalítissa** und **Elafonísi** – es sind dorthin nur 11 respektive 17 Kilometer.

Die Straße wird wieder breiter, hier wollen ja auch Busse fahren, bleibt aber kurvenreich. Erst hinter dem Dorf **Tzitzifiés** (auch hier steht mitten auf dem kleinen Platz ein Baum, den man tunlichst umfährt … also, um den man herum fährt!) wird die Straße zum prächtig ausgebauten Highway in einem breiten Tal.

Ich trauere ungerne alten Zeiten nach, aber das ganze Stück von Tzitzifiés kenne ich noch als abenteuerlichen Schotterweg. Wer es auch so kennt, kann sich auf eine kleine Enttäuschung gefasst machen darüber, was ihn unten am Meer erwartet.

Am Meer unten biegen wir links ab und erreichen nach wenigen Kilometern **Chryssoskalítissa**. Es gibt tatsächlich ein richtiges Ortsschild hier, denn rund um das gleichnamige Kloster ist ein ganzer Ort entstanden. Zuerst folgen wir rechts der Ausschilderung zum Kloster.

Der Name Chryssoskalítissa bedeutet so viel wie goldene Treppe, denn der Legende zufolge ist eine der vielen Stufen, die zum Kloster hin-

aufführen, aus Gold. Natürlich kann nur wer ohne Sünde ist, diese Stufe sehen. Und wer kann das schon von sich behaupten?
Das Kloster aus dem 17. Jahrhundert steht auf einem Felshügel. Es leben ein paar Mönche hier, unter deren Regie das Kloster kräftig renoviert wurde und wird. Unten vor dem Eingang gibt es ein kleines Museum, und wer zum Kloster hinauf steigen will, muss hier das Eintrittsgeld bezahlen.
Wer sich in den hinteren Teil des Klosters begibt, sollte keine Höhenangst haben, denn hinter der nur niedrigen Mauer geht es steil hinunter in die Tiefe. Ganz am Ende der Balustrade eine kleine Toilette, von der aus die großen und kleinen Geschäfte in freiem Fall ins Meer entsorgt werden. Ich denke mal, die Menge, die hier so anfällt, wird das Meer verkraften. Wenn ich nicht irre, ist dieser Abtritt inzwischen außer Betrieb.

Nicht nur am und im Kloster wurde und wird fleißig gebaut, drumherum ebenfalls. Dass die Durchgangsstraße, die weiterführt nach **Elafonísi**, nicht nur von diversen Rent Rooms, Tavernen und Andenkenläden gesäumt ist, sondern auf beiden Seiten mit einem Bürgersteig mit Straßenlaternen im Zuckerbäckerstil glänzt, empfinde ich geradezu als grotesk.

Mein Freund Thanássis würde dazu sagen: „Was ist denn das, sind wir jetzt in Europa?"

Auch die letzten sechs Kilometer sind eine richtige Rennstrecke und wir ahnen, dass gleich das Ortsschild Elafonísi auftauchen wird. Und da ist es auch schon.

Man verzeihe mir den Blick zurück im Zorn: Hier war früher nichts … rein gar nichts, außer einem Sandstrand mit Südseecharakter hinter einer kleinen Lagune, zu derem vorgelagerten Inselchen (Hirschinsel) man durch (!) das Wasser spazieren musste. Wildes Campen wurde toleriert, d.h. es war keinerda, der es verbieten konnte.

Und so sieht es jetzt aus: Hat man das neue Dorf mit Rent Rooms und Andenkenladen (auch mit Badebedarf etc.) durchquert, wird die Straße auf den letzten paar hundert Metern zur staubigen Schotterpiste, und dann kommt der endgültige Kulturschock: große Parkplätze, alles eingezäunt mit schmalen Wegen dazwischen, ein Lokal mit privatem Gelände (ich wagte es, kurz anzuhalten, um mich zu orientieren, schon wurde ich angeraunzt, hier sei Parken verboten, obwohl weit und breit kein Auto stand). Der Strand ist mit Sonnenschirmen und Liegen vollgestellt und zur Insel gelangt man inzwischen trockenen Fußes über eine Sandbank, die entweder in den letzten Jahren von selbst entstanden oder künstlich aufgeschüttet worden ist.

Ich wiederhole mich: Wer die Ecke nicht von früher kennt, für den ist alles vermutlich normal, für die anderen ist es ein Kulturschock. Und als ich wieder weg fuhr, empfand ich das Ortsausgangsschild mit dem rot durchgestrichenen Namen **Elafonísi** geradezu symbolhaft.

Auf der Rückfahrt nach **Chryssoskalítissa** weist rechts ein Wegweiser nach **Sklavopoúla**, eine Strecke, die mich gereizt hätte, aber die Beschriftung war unkenntlich übermalt, und so verschob ich einen Versuch auf später – wenn ich mit Allradantrieb unterwegs bin.

Wir fahren nun bis zur Straßengabelung bei **Kefáli** zurück, biegen dort rechts ab Richtung **Chaniá** und fahren an **Perivólia** vorbei und durch **Loúchi**.

Einen knappen Kilometer hinter **Loúchi** gabelt sich die Straße. Beide Strecken führen nach **Chaniá**, denn sie treffen sich später wieder. Wir entscheiden uns für die linke, denn die ist schmaler, kurvenreicher und daher spannender.

Wir fahren durch **Límni** und **Rogdiá** nach **Vlátos**. Hier zweigt im Dorf links die Straße nach **Miliá** ab, einem interessanten Projekt.

Miliá, wo eine alte kleine Ansiedlung von Bruchsteinhäusern mit viel Sorgfalt und Liebe im alten kretischen Stil restauriert wurde, ist heute eine Art Feriendorf für Touristen. Fernab von jedem Trubel (aber auch ohne Anbindung an öffentliche Verkehrsmittel, deswegen muss man über ein eigenes Fahrzeug verfügen) kann man sich fühlen wie auf Kreta vor über 100 Jahren. Nur einige Stunden am Tag gibt es Strom, ansonsten sind Petroleumlampen für die Beleuchtung verantwortlich; die Einrichtung der Häuser ist bewusst auf das Nötigste beschränkt.

Eine Taverne gibt es aber, und die bietet sehr gutes Essen. Zum Baden muss man allerdings ins Auto steigen und an die Westküste fahren. Und bei aller rustikaler Romantik muss man sich darüber im Klaren sein, dass man sich nicht in einem real existierenden Bergdorf befindet, sondern in einer ziemlich anderen Ferienanlage.

Sei es wie es sei: Wer Ruhe und Natur sucht (die Umgebung lädt zu Spaziergängen und Wanderungen ein), wem das einfache Leben auf Zeit gefällt, der ist hier richtig. Denn Unterhaltungsangebote gibt es natürlich keine, das würde ja auch nicht zur Intention des Ganzen passen.

Interessant im Sinne dieses Führers ist die Anfahrt nach **Miliá** (ca. 8 km):

Im ersten Teil ist die Straße noch asphaltiert, wird dann aber zu einer schmalen Schotterpiste, die sich ohne jede Absicherung den steilen Berghang entlang windet. Wenn man mal die Augen von der Piste nimmt (am besten dazu anhalten), bieten sich wechselnde spannende Ausblicke (im ersten Teil auf die erodierte Bergkette im Osten, dann auf schroffe Felsen im Westen).
Wie gesagt, man muss da ja nicht hin!

Ab **Vlátos** geht es wieder bergab, vorbei an der großen Dorfkirche, die aber abseits in der Landschaft steht.

Die weitere Fahrt gestaltet sich auf gut zwei Kilometern noch ziemlich kurvig, dann treffen wir wieder auf die Hauptstraße (also auf die Straße, auf der wir gekommen wären, hätten wir an der genannten Gabelung die rechte Straße genommen – es lebe der Konjunktiv).

Wer glaubt, dass das alles war für heute, der irrt, denn einen Höhepunkt haben wir noch vor uns. Hinter dem Dorf **Katsomatádos** rücken die Berge näher zusammen, wir freuen uns an dem gewaltigen Panorama, kommen um eine Kurve und … stehen vor einer roten Ampel!

Wir sind in der **Topólia-Schlucht**, wo die Straße einspurig durch einen Tunnel führt! Noch sind wir nicht drin, aber ich verrate es schon jetzt: Die Straße im Tunnel macht eine Kurve, deshalb kann man nicht sehen, ob von der anderen Seite ein Fahrzeug kommt. Wenn das in der Vergangenheit der Fall war, wurde es spannend … einer der beiden musste zurücksetzen!

Deshalb die Ampel, die nach jahrelangen Anlaufschwierigkeiten nun auch funktioniert. Der Tunnel ist allerdings nach wie vor ein dunkles Loch!

Das war es dann auch schon, denn nun fahren wir gemütlich über **Topólia** (das Dorf), **Voúlgaro** und **Potamída** nach **Kaloudianá**, wo wir am Ortsende auf die alte Straße **Chaniá** – **Kastelli Kissámou** treffen. Hier biegen wir links ein und erreichen nach etwa drei Kilometern die New Road. Je nachdem, wo wir unsere Tour gestartet haben, biegen wir links Richtung **Kastélli** oder rechts Richtung **Chaniá** ein.

Tour 6 – Am Fuß der Weißen Berge

Die Tour ist mit ca. 120 Kilometern eigentlich nicht lang, doch es geht fast ausnahmslos über enge Nebensträßlein. Deswegen habe ich zwei Notausgänge eingebaut, wo man die Tour abbrechen und zurück zum Ausgangsort fahren kann. Am Ende der Tourbeschreibung findet sich die Anfahrtsbeschreibung zum jeweiligen Notausgang, um von dort die Tour zu einem späteren Zeitpunkt fortsetzen zu können (aufgeteilt in drei Teilstrecken kommen wir dann auf ca. 200 Kilometer).

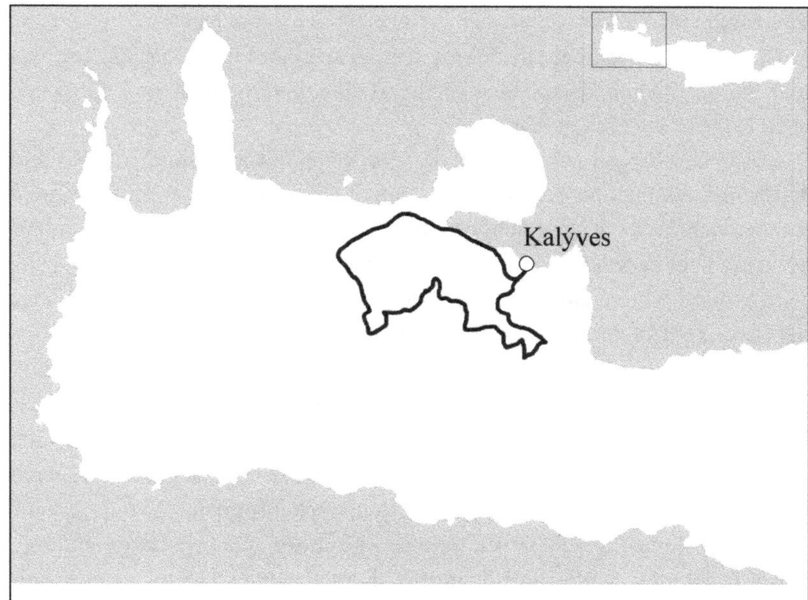

Streckenlänge	ca. 120 km
Straßenbeschaffenheit	durchweg Asphalt
Schwierigkeitsgrad	Normal-Pkw
Begeisterungsfaktor	Kreta-üblich

Streckenverlauf: Kalýves – Arméni – Nio Chorió – Ágii Pántes – Vrysses – Vafés – Níppos – Tzitzifés – Fres – Pemónia – Melidóni – Karés – Ramní – Chiliomoudoú – Samonás – Kámboi – Gerolákkos – Drakóna – Somatá – Thérissos – Zoúrva – Mesklá – Fournés – Episkopí – Agiá – Vamvakópoula – Soúda – Kalýves

Alternative Startorte: Man kann auch von **Chaniá** und Umgebung aus starten, dazu fährt man auf der New Road bis **Kalýves**. Oder von **Georgioúpolis**, dann startet man von **Vrysses**). Auch **Réthymnon** ist nicht weit (hin und zurück nur ca. 40 Kilometer auf der Schnellstraße bis Abfahrt **Vrysses**).

Wir verlassen **Kalýves** über die alte Straße Richtung **Réthymnon**, unterqueren die New Road am Ortsausgang und fahren geradeaus über **Arméni**, **Nio Chorió** (Achtung: nicht rechts abbiegen!) und **Ágii Pántes**. Bis hier war die Straße (natürlich) kurvenreich, und nun folgt der schönste Teil dieser ersten Etappe: Die Straße führt tatsächlich durch einen richtigen Wald!

In dieser Ecke gehen immer noch Köhler ihrem anstrengenden Tag- und Nachtwerk nach. Da sie jedes Jahr an einem anderen Ort sind, findet man sie nicht immer gleich, aber meistens riecht man sie (nicht die Köhler, sondern ihre Meiler).

Links der Straße liegt eine kleine Kirche an einer Quelle. Früher war das hier nur ein Picknickplatz, heute steht da eine Taverne namens Loutró, wo auch Reisebusse Halt machen.

In **Vrysses** biegen wir noch vor der Brücke rechts ab Richtung **Nípos** und **Vafés** und nehmen an der Gabelung einige hundert Meter weiter die linke Straße nach **Vafés**. Zuerst geht es noch harmlos und eben durch Olivenhaine, dann aber bergauf und die Kurven werden enger.

Wir durchfahren **Vafés**, müssen aber etwas aufpassen, denn kurz hinter der Kirche (links der Straße) nehmen wir den unscheinbaren und unbeschilderten Abzweig rechts den Berg hinunter. Die Straße ist so schmal, dass wir vermuten könnten, falsch zu sein … aber keine Sorge, hinter dem Weiler **Katoúnes** (der so klein ist, dass man ihn auf Straßenkarten vergeblich sucht) kommen wir wieder auf die breitere Straße und biegen rechts nach **Nípos** ab (auf manchen Schildern liest man auch **Níppos**).

Die Straße schlängelt sich durch viel Grün die Weißen Berge entlang, durch (oder eher vorbei an) **Tzitzifés**, **Fres** (schöner Dorfplatz mit kleiner Kirche und dem Standbild eines Agrími (die berühmte wilde kretische Bergziege), dem leider jemand ein Horn abgebrochen hat, nach **Pemónia**.

Hier biegen wir links ab und fahren steil den Berg hoch nach **Melidóni**. Wer nun nach einem Blick in die Karte meint, von mir an den Ar… der Welt geführt worden zu sein, der sei beruhigt, **Melidóni** ist erst der Magen. Und übrigens ein schmuckes Dörfchen.

Da sich Touristen eher selten hierher verirren, hält man im Dorf eine Beschilderung offensichtlich nicht für notwendig. Wenn wir aber die große und schöne Kirche kommen, sind wir zu weit gefahren. Also zurück … oder besser gleich im Dorf links in die Straße zwischen den beiden Kafenía einbiegen (wie gesagt, Schilder gibt es nicht). An der nächsten Gabelung fahren wir dann rechts weiter Richtung **Ramní** und **Karés**.

Wieder einmal sind die Straßenkarten nicht auf dem neuesten Stand, denn die als Schotterstrecke eingezeichnete Straße ist bestens asphaltiert. Sie schlängelt sich in beeindruckenden Kurven den steilen Hang entlang durch ein grünes Tal.

Apropos Ar… der Welt. Wenn wir dort hin wollen, biegen wir etwa zwei Kilometer hinter **Melidóni** scharf links ab, den Berg hinauf. Auch hier steht kein Schild, jedenfalls nicht auf dieser Seite. Als Orientierungshilfe können wir die kurze Betonmauer links neben der Straße nehmen, die die bergauf führende Abzweigung stützt. Dieser kleine Umweg nach **Karés** beträgt hin und zurück gerade mal vier Kilometer.

Karés nenne ich gerne das verwunschene Dorf, denn die Häuser sind weit verstreut im dichten Grün der Bäume versteckt, auch der Dorfplatz mit dem obligatorischen Gefallenendenkmal ist als solcher nicht gleich zu erkennen – er liegt ganz allein im Grünen.

Hier ist die Welt für uns nun wirklich zu Ende! Zwar weist noch an der Straße ein offizielles Hinweisschild nach **Goúrnes**, doch den Weg kann man sich sparen. Zum einen ist **Goúrnes** kein Dorf, sondern nur eine Gegend, vermutlich handelt es sich um Viehtränken (goúrna = Bassin), zu anderen ist die Strecke ohne Allradantrieb sowieso nicht zu befahren. Ich habe ja wenig Skrupel und bin auch geübt darin, schlechte Strecken mit dafür ungeeigneten Fahrzeugen anzugehen, aber hier bin ich umgekehrt.

Wir kehren also um, fahren an der erwähnten Abzweigung vorbei hinunter nach **Ramní** und biegen dort am Dorfausgang links ab Richtung **Kyriakoséllia**, **Chiliomoudoú** und **Samonás**.

In **Chiliomoudoú** ist der Besuch einer der schönsten Aussichtspunkte im Westen sozusagen Pflicht. Kurz vor dem Dorfende biegen wir rechts ab zu einer Kirche, die auf einem Felsplateau wie auf einer Terrasse steht. Belohnt werden wir (bei klarem Wetter) mit einem überwältigenden Blick über den ganzen **Apokorónas**, bis zum **Kap Drápano** und hinüber nach **Akrotíri**. Irgendwer beschrieb den Eindruck mal mit den Worten: „Es ist, als ob man im Flugzeug sitzt!“

Zurück auf der Hauptstraße fahren wir nach **Samonás** weiter und biegen links ab Richtung **Kámbi**.

Notausgang Nr. 1
Wer fürs erste genug hat, biegt in Samonás nicht links, sondern rechts ab, hinunter nach Próvarma und Stýlos. Die Serpentinen hinunter nach Próvarma sind nicht von schlechten Eltern, obwohl: es gibt beeindruckendere auf der Insel.
An der Hauptstraße zwischen Próvarma und Stýlos biegen wir rechts ab und fahren über Nio Chorió und Arméni zurück nach Kalýves.

Auf den folgenden Kilometern blicken wir auf die Weißen Berge zur Linken und auf ein übel riechendes Kalkwerk zur Rechten. Vor **Kámbi** folgen wir der Umgehungsstraße nach links, fahren also nicht ins Dorf hinein. Denn die Umgehungsstraße umgeht nicht wirklich, sondern führt nur an anderer Stelle ins Dorf, nämlich am großen Dorfplatz mit Kirche, Gefallenendenkmal und großer Platane. Hier fahren wir nicht geradeaus Richtung **Chaniá**, sondern biegen (hinter oder vor der Platane, aber hinter der Kirche) links ab Richtung **Madaró** und **Vólikas**.

Nach **Kámbi** nehmen wir an einer Gabelung die rechte Straße Richtung **Psychró Pigádi** und **Thymiá**. An weiteren kleinen Abzweigungen bzw. Gabelungen sind wir auf der sicheren Seite, wenn wir stets der Straße mit den gelben Randmarkierungslinien folgen!

Dann erreichen wir nach **Psychró Pigádi** die Gabelung mit dem zerschossenen Wegweiser, dem wir aber nicht folgen, sondern rechts hinunter fahren.

Dass die Straße zuweilen sehr schmal ist (aber weiterhin asphaltiert), davon lassen wir uns nicht entmutigen, denn wir erreichen so von hinten durch die Brust ins Auge das etwas größere Dorf **Gerolákkos** (kein Ortsschild). Wir überqueren eine Brücke und biegen dann auf die Hauptstraße links ein (Vorsicht, sehr unübersichtlich).

Ein Stück hinter dem Ortsausgang liegt rechts der Straße der Dorffriedhof mit einem Kirchlein. Auffällig und ungewöhnlich ist die nagelneue weiße Marmortreppe zur Kirche hinauf: Die beiden Geländer sind deutlich unterschiedlich hoch, warum weiß ich nicht!

An der nächsten Straßengabelung auf freiem Feld nehmen wir die rechte Straße Richtung **Drakóna** und **Thérissos**. Und nun geht es wieder hauptsächlich hinauf, die Landschaft wird grüner und es säumen wieder vermehrt Nadelbäume die Straße.

Drakóna ist auch eines dieser superlangen Dörfer, über Kilometer tauchen zwischen den beiden Ortsschildern nur dann und wann Häuser auf.

Und dann heißt es noch einmal aufpassen: Hinter der gelben Kirche am Ortsausgang von **Drakóna** müssen wir an der Gabelung rechts hinunter, auch wenn das handgeänderte Hinweisschild Verwirrung stiftet.

Jetzt geht es also hinunter und dann wieder steil hinauf, wir überqueren einen kleinen Sattel und tauchen dann ein in Kiefernwälder, durch die sich die Straße wieder abwärts schlängelt. Dann ist die Talsohle erreicht, die Straße steigt wieder leicht an … und dann steht hinter einer Rechtskurve mitten auf der Straße plötzlich ein Baum! Er ist nicht der einzige seiner Art auf Kreta, der bekannteste aber wohl. Ich stelle mir immer wieder gerne (oder auch ungern) vor, wie das ist, wenn jemand diese Strecke zum ersten Mal und dann auch noch im Dunklen befährt … es gibt weder davor noch dahinter den geringsten Hinweis!

Und ganz putzig: auf einer Seite ist der Baum mit einem gelben Pfeil bemalt, der dazu auffordert, rechts an ihm vorbeizufahren.

Dank der Vorwarnung sind wir natürlich heil am Baum vorbeigekommen und haben ihn vermutlich auch fotografiert. An der nächsten Straßengabelung biegen wir rechts ab hinunter nach **Thérissos**, das schon zu sehen und auch schnell erreicht ist.

Thérissos ist das Dorf von Elevthérios Venizélos, dem absoluten Volkshelden der Kreter. Er sorgte für den Anschluss Kretas an Griechenland, später war er griechischer Ministerpräsident. Geboren wurde er zwar in Mourniés, aber in Thérissos schmiedete er mit seinen Mitstreitern die Pläne für den Anschluss.

Im Dorf liegt links der Straße ein graues würfelförmiges Gebäude mit dunklen Fensterhöhlen (ziemlich weit ab von der Straße), das ehemalige Haus von Venizélos. Es ist zwar nicht sonderlich sehenswert, wer es aber nicht findet und es unbedingt gesehen haben will, frage im Kafenío nach.

Notausgang Nr. 2

Statt nun umzudrehen, können wir die Tour auch hier abbrechen. Wir fahren von Thérissos weiter Richtung Chaniá durch eine reizvolle Schlucht, sie ist allerdings nicht ganz so beeindruckend wie andere. Nach etwa fünf Kilometern nehmen wir die Abzweigung nach rechts Richtung Panagía. Noch vor dem Dorf treffen wir auf ein T-Stück und fahren rechts den letzten Kilometer bis Panagía.

Hinter dem nächsten Dorf Aletrouvári biegen wir links ab Richtung Maláxa, ignorieren im Tal hinter einem urigen Autohof die Abzweigung nach Kontopoúla und halten uns an der nächsten Straßengabelung ohne

Beschilderung rechts. Nachdem wir beim nächsten Berg angekommen sind, geht es rechts ab Richtung Maláxa. Auch hier ist die Ortsdurchfahrt wieder recht schmal.
Und nun folgen wir der Straße über Stýlos, Nio Chorió und Arméni zurück nach Kalýves.

Da wir den Notausgang aber nicht genommen haben, drehen wir um, fahren zurück zur genannten Abzweigung, und nehmen jetzt die rechte Straße nach **Zoúrva**, fahren steil hinauf auf einen Berg mit mehreren kleineren Antennen und erfreuen uns hier und auch auf der folgenden Strecke an dem bombastischen Ausblick auf das westliche Hinterland von **Chaniá** (der Fahrer erfreut sich mehr an der Straße, so er denn Kurven mag). Die steilen Berghänge sind dicht bewaldet.

Zoúrva ist ein sehr schönes altes Dorf, in einer traumhaften bewaldeten Berglandschaft am Nordhang der Weißen Berge auf einem Kamm gelegen. Es leben nur noch wenige Familien fest hier, aber die meisten Häuser werden gut in Schuss gehalten, die Verwandtschaft ist groß und lebt in der Nähe.
Im Dorf gibt es nur zwei Lokale, aber die haben es in sich!
Etwa in Dorfmitte liegt die bei den Einheimischen sehr beliebte Taverne Aimilia mit sehr schmackhafter traditioneller kretischer Küche. Viele Gäste kommen extra mit dem Auto aus anderen Dörfern oder gar aus Chaniá mal eben zum Essen herauf. Das ist immer ein Zeichen für gute Qualität.
Unterhalb des Dorfes liegt auf einem terrassenartigen Vorsprung die ebenfalls hervorragende Taverne Rizinia, die sich im Sommer, besonders aber im Winter eines großen Zuspruchs durch Touristen erfreut, mehr noch durch Einheimische insbesondere aus Chaniá. Letzteres spricht auch für dieses Lokal! Es muss schön sein, im Winter hier drinnen am offenen Kamin zu sitzen und auf die verschneiten Berge ringsum zu schauen.
Die Wirtin Maria Anitsáki ist eine richtige Kräuterhexe und ihre Küche entsprechend. Fast jeden Morgen sammelt sie in der Umgebung Wildkräuter und wilde Zwiebeln, die dann z. B. Eingang in herrliche Omeletts und Teigtäschchen finden. Man sollte unbedingt ihre Kräuterspezialitäten probieren; so bekommt man das anderswo kaum, wenn überhaupt.
Also ist hier eine auch längere Pause dringend empfohlen, wenn nicht sogar Pflichtprogramm.

Und nun geht es wieder kurvenreich steil nach unten, nach **Mesklá** und **Fournés**. Hier und westlich davon liegt das größte Orangenanbaugebiet Kretas – und ich übertreibe nicht, wenn ich behaupte, dass die kretischen Orangen zu den saftigsten und schmackhaftesten auf der ganzen Welt gehören. Zur richtigen Jahreszeit hängen die Bäume übervoll.

Es ist erstaunlich, dass sie überhaupt noch gepflückt werden, denn die Bauern haben 2011 gerade mal 17 Cent für das Kilo bekommen.

Ab hier können wir uns nicht mehr verfahren. Über **Agiá** (wer den Ort noch nicht kennt, biegt vielleicht links ab zu dem kleinen künstlichen See von Agiá – ausgeschildert – und trinkt dort einen Kaffee) fahren wir zurück Richtung **Chaniá**, bis wir die New Road kreuzen und sie zurück Richtung **Kalýves** nehmen.

Falls wir die Tour unterbrochen haben und sie fortsetzen wollen, hier die Anfahrtsbeschreibungen zu den Notausgängen:

Zum Notausgang 1:

Wir fahren von **Kalýves** Richtung **Réthymnon** aus dem Dorf hinaus und biegen am Ortsausgang auf die New Road Richtung **Chaniá** ein. An der zweiten Abzweigung biegen wir links ab Richtung **Megála Choráfia** und **Áptera**.

In **Megála Choráfia** biegen wir links ab und fahren durch **Metóchi** zu den Ausgrabungen von **Áptera** auf einer kleinen Hochebene.

Bereits an der Zufahrtsstraße ist rechts ein kleines Stück eingezäunter Ausgrabungen zu sehen: besonders beeindruckend ist eine alte Mauer aus großen exakt behauenen und zusammengefügten Steinen.

Das Ausgrabungsgelände ist täglich (außer montags) von 8.30 bis 15.00 Uhr geöffnet, der Eintritt ist frei.

Kurz davor gabelt sich die Zufahrtsstraße. Fährt man links, erreicht man bald die 1816 erbaute türkische Burg (die man schon von unten sieht). Man kann sie von innen besichtigen. Über eine moderne Betontreppe erreicht man den Innenhof im Obergeschoss (in letzter Zeit war die Festung meist geschlossen). Der Blick von hier über die Soudabucht ist mehr als reizvoll. Nebenbei hat man die Möglichkeit, von oben in das ebenfalls ehemalige türkische Fort Izzedine (früher ein Gefängnis für politische Häftlinge, danach eine

Kaserne, derzeit ein Platz für Veranstaltungen wie Konzerte) hineinzuschauen und die putzigen Kanönchen zu fotografieren, mit denen einst das militärische Sperrgebiet Soudabucht vor bösen Eindringlingen geschützt werden sollte.
Unten an der Straße verbietet alle paar Meter ein Schild das Fotografieren, doch von hier oben kann man es mit einem Teleobjektiv ungehindert.
Hält man sich an der genannten Gabelung geradeaus (bzw. rechts), kommt man zu den übrigen Ausgrabungen. Die noch erhaltenen Gebäude stammen aus verschiedenen Epochen. Die Stadt wurde im 7. Jahrhundert v. Chr. von dorischen Siedlern gegründet und entwickelte sich in den folgenden Jahrhunderten zu einer wichtigen Handelsmetropole. Im Jahre 824 n. Chr. wurde sie von Sarazenen zerstört und geplündert.
Gleich links vom Eingang befindet sich eine römische Zisterne. Wenig später kommt man zu den spärlichen Resten eines Tempels aus hellenistischer Zeit, der der Fruchtbarkeitsgöttin Demeter geweiht ist, und dann zum byzantinischen Kloster des Ágios Ioánnis von Pátmos. Davon stehen nur noch die Außenmauern und eine kleine Kapelle. Aber eine Hausnummer hat es ... Im Kloster gibt es auch ein kleines Museum.
Gleich unterhalb des Klosters ist eine riesige Zisterne aus der Römerzeit zu sehen, ein Stück weiter nach Osten ein kleiner Tempel, im Süden ein Theater und ein dorischer Tempel.
Der Ausgrabungsplan auf der Tafel am Eingang hilft dabei, sich besser zurecht finden.

Zurück in **Megála Choráfia**, biegen wir nach links ab (offiziell ist das vermutlich wegen Unübersichtlichkeit verboten, aber es wird sich sicher eine Möglichkeit finden – an einem wenige Meter entfernten kleinen Platz kann man wenden).

Wir folgen der Straße bis **Stýlos** und biegen dort am Ortsausgang rechts ab Richtung **Próvarma** und **Samonás**.

Zum Notausgang 2:

Wir verlassen **Kalýves** auf der Straße Richtung **Réthymnon** und biegen kurz hinter dem Dorfausgang ab auf die New Road Richtung **Chaniá**. Wir verlassen die Schnellstraße eine Ausfahrt hinter **Soúda** (Chania/Mourniés) und fahren links Richtung **Mourniés**. Das Dorf hat nicht viel zu bieten, wenn man davon absieht, dass der kretische Nationalheld und spätere griechische Ministerpräsident Elevthérios Venizelos hier geboren wurde. Sein Geburtshaus steht rechts an der Hauptstraße.

Wir fahren weiter bis zum oberen Ortsende, biegen dort rechts ab und fahren durch eine Art Gewerbegebiet bis zur nächsten Kreuzung, an der es links Richtung **Thérissos** ausgeschildert sein sollte. Auch wenn wir kein Schild sehen, fahren wir links und folgen dann der Straße bis **Thérissos**!

Tour 7 – Über die Halbinsel Drápanos

Die Tour ist eher kürzer, aber dennoch abwechslungsreich.

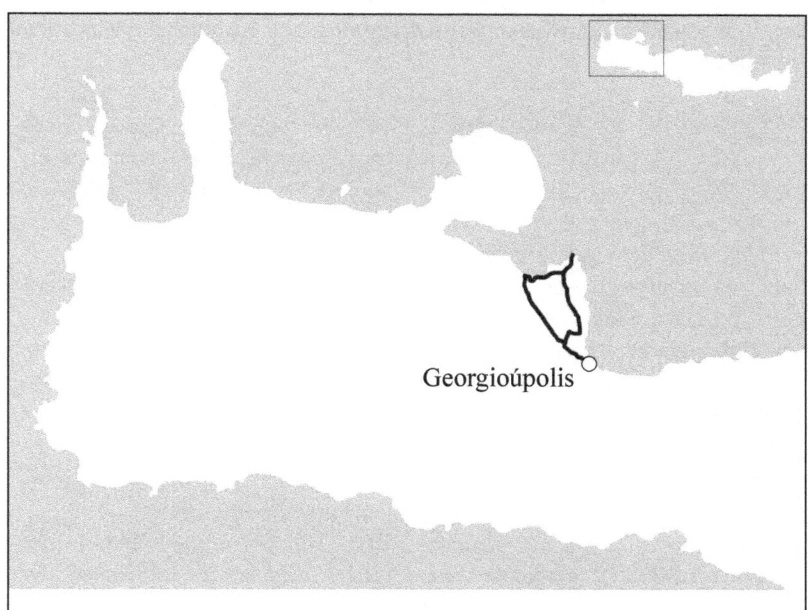

Streckenlänge	ca. 50 km
Straßenbeschaffenheit	durchweg Asphalt
Schwierigkeitsgrad	Normal-Pkw
Begeisterungsfaktor	Kreta-üblich

Streckenverlauf: Georgioúpolis – Exópolis – Kalamítsi – Vámos – Tsivarás – Kalýves – Almyrída – Pláka – Kap Drápanos – Kókkino Chorió – Palelóni – Kefalás – Séllia – Georgioúpolis

Alternative Startorte: Natürlich **Kalýves**, dazu muss man nur den Text in der Reihenfolge etwas anders lesen, oder auch **Vámos**. Auch von **Chaniá** (auf der Schnellstraße ca. 30 Kilometer bis **Kalýves** hin und zurück) oder **Réthymnon** (auf der Schnellstraße ca. 40 Kilometer bis **Georgioúpolis** hin und zurück) aus ist die Tour gut zu machen.

Wir fahren vom Dorfplatz in **Georgioúpolis** Richtung Fischerhafen, dort über die Brücke und hinauf zum kleinen Dorf **Exópolis**. Am Dorf vorbei fahren wir weiter über **Kalamítsi Amygdálou** und **Kalamítsi Alexándrou** bis **Vámos**.

Vámos, der Hauptort des Unterbezirks Apokorónas im Hinterland von Kap Drápanos scheint auf den ersten Blick nur mäßig interessant.
Ein zweiten Blick sollte man sich aber unbedingt gönnen, denn der örtliche Kulturverein setzt sich seit ca. zehn Jahren engagiert und erfolgreich ein für eine umfassende Sanierung des alten Ortskern im traditionellen Stil. Viele alte Häuser wurden liebevoll restauriert und stehen nun als Gästehäuser zur Verfügung.
Wenn wir schon hungrig sein sollten, gilt meine Empfehlung dem Mezedopolío I Sterna tou Blumosifi an der Hauptdurchgangsstraße ziemlich weit unten im Ort. Die Auswahl an typisch kretischen Gerichten ist enorm, der Service freundlich und die Preise kommod – jedenfalls meiner Meinung nach.
Geht man die Gasse neben der Sterna in den alten Ortskern hinein, kommt man zum Café Liakoto mit wechselnden Ausstellungen lokaler Künstler.
Nebenan bietet ein verführerischer Feinkostladen allerlei örtliche Delikatessen, die Riechorgan und Magen verwöhnen.
Eine Taverne mit dem Namen Marouvas liegt ein Stück weiter die Hauptstraße hoch (aber noch unterhalb des Dorfplatzes) auf der linken Straßenseite. Auch hier sitzt man gemütlich.

Von **Vámos** fahren wir über **Tsivarás** weiter Richtung **Kalýves**. Wer das Dorf schon kennt, kann gleich am Dorfeingang rechts Richtung **Almyrída** abbiegen, ansonsten merken wir uns diese Stelle, denn hier geht es nachher lang.

Kalýves ist zwar nicht perfekt touristisch infrastrukturisiert, aber schon ganz gut dahin unterwegs. Immer noch und zum Glück verhindern die vernünftigen Einheimischen, dass es überhand nimmt.
Am Dorfplatz sitzt man schön im Kafenío/Café Jeroplátanos. Nebenan kann man im Afroditi Billard spielen.
Ein origineller kleiner Laden ist das Monastiraki von Josch Krauss-Feiler (unweit der Haupdurchgangsstraße ein kleines Stück die Straße Richtung Vámos hinein auf der rechten Seite – wir sind beim Reinfahren schon daran vorbeigekommen): Josch bietet hier ein breites Spektrum von Mineralien und Fossilien,

Kleidung, Büchern, bis hin zu Olivenholzprodukten, wie handgefertigte Kerzenleuchter oder kleinere Möbelstücke.

Sollten wir unseren Hunger nicht schon in Vámos gestillt haben, dann wäre es eine gute Idee, mein absolutes Lieblingslokal auf Kreta aufzusuchen: das Kyani Akti (Blue Beach) der Familie Vlamákis am Westende der Bucht (außerhalb von Kalýves). Wir fahren Richtung Kalámi, biegen aber kurz vor dem Fort Izzedine rechts ab und folgen der schmalen Straße hinunter, rechts vorbei an der großen relativ neuen Anlage Kyani Beach geradeaus bis zum Meer und zur Taverne.

Die Karte ist nicht sehr umfangreich, aber alles ist einfach erstklassig! Ich habe in über 30 Jahren schon einige hundert Mal hier gegessen und bin nicht ein einziges Mal enttäuscht worden!

Und was wir uns noch anschauen sollten: den Koúmos.

Oberhalb von Kalýves hat der örtliche Bauunternehmer sich selbst ein kleines Denkmal gesetzt. Auf steilem Zufahrtsweg erreicht man O Koúmos (den oder das Iglu). Das Café dort ist recht gemütlich, total urig, verwinkelt und völlig auf antik getrimmt, mit halb modernen und halb antiken Statuetten. Alles ist aus kleinen Steinen gebaut oder damit geschmückt (auch die Toilette), und man bekommt durchaus einen Eindruck davon, wie die Hirten früher gelebt haben (auch wenn deren Toiletten sicher primitiver waren, falls überhaupt vorhanden).

Des Weiteren gibt es hier einen lebenden Vogel Strauß, einen sprechenden Nervensägenvogel (ich kenne die Art nicht, es ist kein Beo), ein paar Hühner und einen Esel. Jedenfalls gesehen haben sollte man den Koúmos! Er ist einen Besuch wert.

Zu ihm hinauf fährt man beim Ortsausgang Richtung Soúda neben dem großen Supermarkt.

So, nun geht es wieder weiter: Wir fahren zurück durch das Dorf Richtung **Vámos**, biegen aber hinter dem links der Straße allein stehenden Maklerbüro links ab Richtung **Almyrída**.

Apropos Maklerbüro: In den letzten Jahren ist auf der Halbinsel Drápanos ein geradezu irrwitziger Bauboom ausgebrochen. Vor allem Engländer kauften alles, was irgendwie nach Haus aussah, egal wie weit ab vom Schuss es auch lag. Und nun steht hier alles voller Häuser und der Boom ist vorbei! Selbst zu Ramschpreisen will sie kaum einer mehr haben … aber sie stehen nun da. Andererseits: immer noch besser als die halbfertigen Betonruinen.

Vor dem Dorfeingang von Almyrída liegen links der Straße eingezäunt die Reste des Fußbodenmosaiks einer frühchristlichen Basilika.
Man kann das kleine Dorf sicher nicht als verschlafen bezeichnen, denn der Tourismus hat auch hier in Form großer Hotels Einzug gehalten, aber es ist immer noch vergleichsweise ruhig. An der Strandstraße gibt es unzählige Lokale, aber wir haben ja schon gegessen.

Wir fahren also immer geradeaus durch das Dorf hindurch und am Ende der Bucht hinauf nach **Pláka** (wegen der regen Bautätigkeit sind Almyrída und Pláka fast zusammengewachsen).

Hier biegen wir noch nicht rechts nach **Kókkino Chorió** ab, sondern fahren geradeaus weiter Richtung **Kap Drápanos** (auch an der nächsten Gabelung, wo wieder rechts ein Schild nach **Kókkino Chorió** weist, halten wir uns links).

Die Straße ist auf den folgenden Kilometern schmal aber gut überschaubar. Vorbei an einer Kaserne geht es in einigen wenigen Serpentinen hinunter zum Kap mit dem Leuchtturm. Leider ist das letzte Stück zum Kap durch Militär blockiert, wir müssen wenden ... das Kap selbst ist recht unscheinbar.

Wir fahren die wenigen Kilometer zur Gabelung zurück und nun (endlich) links hoch nach **Kókkino Chorió**.

Neben seinen romantischen Gässchen und dem atemberaubenden Blick auf die Souda-Bucht und die Weißen Berge hat das beschauliche Dorf noch drei Besonderheiten zu bieten, die ein paar Zeilen mehr wert sind.
Der wohl berühmteste auf Kreta spielende Film, „Alexis Sorbas“ mit Anthony Quinn, wurde zum Teil hier gedreht (alle Dorfszenen, die Strand- und Drahtseilbahnaufnahmen wurden in Stavrós auf der Halbinsel Akrotiri aufgenommen). Einiges kann man sogar wiedererkennen: das Kafenío, in dem damals gedreht wurde (es ist nicht das Kafenío, das so offensiv mit Fotos aus dem Film wirbt, sondern das gegenüber), und mit etwas Glück erkennt man auch das Haus der Witwe. Die meisten der älteren Dorfbewohner wirkten damals als Statisten mit.
Außerhalb von Kókkino Chorió Richtung (Dorf) Drápanos liegt Griechenlands einziger Recyclingbetrieb, die Glasbläserei von Andreas Tsombanákis (wir kommen gleich daran vorbei). Sie ist unschwer an den Bergen von Flaschen zu erkennen, die sich ringsum auftürmen. Aus diesem Altglas entstehen hier feinste traditionelle mundgeblasene Vasen, Schalen, Lampen und vieles mehr.

Man kann den Arbeitern zusehen und natürlich auch etwas kaufen. Last but not least findet man hier Atelier und Galerie eines deutschen Künstlers: Wernhart Pittinger, der den Künstlernamen Antónios (o) Santorínios angenommen hat (er hatte früher sein Atelier auf Santoríni). Seine Hinterglasmalereien haben ihn weit über den Bezirk Apokorónas hinaus bekannt gemacht).

Wir fahren nun weiter über das Dorf **Drápanos** nach **Palelóni**. Hier zweigt am Ortseingang links der asphaltierte Zufahrtsweg zur Taverne Ombrosgialos ab. Es geht teils sehr steil hinunter (und nachher wieder hoch), aber die felsige Badebucht bei der Taverne mit ihrem glasklaren Wasser ist den Abstecher wert.

Im nächsten Dorf **Kefalás** biegen wir nicht Richtung **Vámos** ab, sondern fahren geradeaus nach **Likotinará**, denn wir wollen uns dort einen weiteren herrlichen Ausblick gönnen. Wir fahren ins Dorf hinein bzw. hindurch (also nicht auf der Hauptstraße daran vorbei). Die Straße endet sozusagen auf der Aussichtsterrasse, der Blick über die Bucht von **Almyrós** (Ormós Almýrou) und **Georgioúpolis** ist wirklich fantastisch.

Zurück auf der Hauptstraße fahren wir weiter nach und durch **Séllia**. Hinter dem Dorf biegen wir links ab und fahren wieder einmal einige enge Kurven hinunter zur Straße **Vámos-Georgioúpolis**, in die wir wieder links einbiegen und nach **Georgioúpolis** zurückkehren.

Tour 8 – Serpentinen, Wasserfälle und ein Binnensee

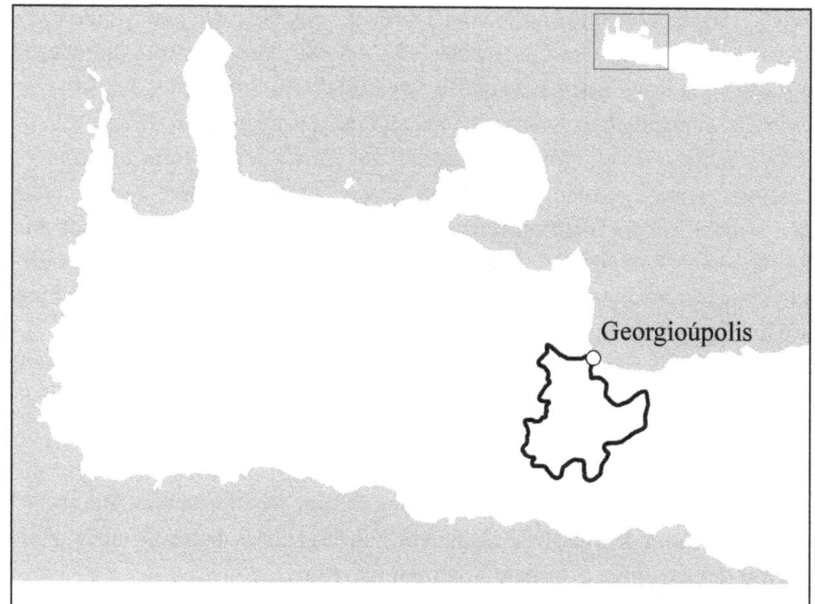

Streckenlänge	ca. 110 km
Straßenbeschaffenheit	durchweg Asphalt
Schwierigkeitsgrad	Normal-Pkw
Begeisterungsfaktor	erhöht bis heftig
Höhenangstgefahr	zwischen Kallikrátis und Ási Goniá

Streckenverlauf: Georgioúpolis – Askifoú-Hochebene – Asféndou – Kallikrátis – Ási Goniá – Argyroúpolis – Velonádo – Moúntros – Roústika – Ágios Konstantínos – Episkopí – Filakí – Kournás – Kournás-See – Máthes – Georgioúpolis

Alternative Startorte: Alle Orte östlich bis **Réthymnon** (plus ca. 40 Kilometer hin und zurück auf der New Road) und westlich bis **Chaniá**. Hier fährt man natürlich nur bis zur Ausfahrt Vrysses (von Chaniá plus knapp 70 Kilometer hin und zurück auf der New Road, von **Kalýves** plus ca. 40 Kilometer).

Wir verlassen **Georgioúpolis** vom Dorfplatz aus über die alte Straße nach Westen (durch die Eukalyptus-Allee). Schon nach kurzer Fahrt unterqueren wir die New Road in einer Schleife zweimal direkt hintereinander. Mit solchen straßenbaulichen Eskapaden haben die Kreter keine Probleme.

Wir fahren nun ein Weilchen parallel zur New Road an ihrer Stützmauer entlang, zwischen Bäumen hindurch und an einer hübschen Kirche links der Straße vorbei. Dann unterqueren wir die New Road noch einmal und fahren weiter Richtung **Vrysses**. Schon nach wenigen hundert Metern weist vor einigen rosa gestrichenen Häusern ein Schild Richtung **Chóra Sfakíon** – wir folgen ihm.

Die Straße windet sich nun – mal schmaler, mal großzügiger ausgebaut – munter zwischen den Weißen Bergen und dem Ida-Gebirge nach oben. Wenn wir die Landschaft schon hier bewundern ... es kommt noch um einiges besser!

Nach einem letzten kräftigen Anstieg fahren wir über einen Bergsattel und sehen die **Askifoú-Hochebene** vor uns liegen. Als ersten Ort hier erreichen wir nach einigen weiteren Kurven **Karés**.

Das Dorf Karés liegt ganz im Norden der Ebene, unterhalb des türkischen Kastells auf einem Hügel (man kann nicht hinauffahren, aber das Kastell sieht sowieso aus der Entfernung besser aus).
Im Dorf gibt ein War Museum: Hier werden Waffen, Helme etc. gezeigt, die von den alliierten Truppen zurückgelassen wurden, als sie 1941 vor der deutschen Wehrmacht nach Chóra Sfakíon flohen, um von dort per Schiff evakuiert zu werden. Aber es gibt auch eine Anlage zum Raki-Brennen und landwirtschaftliche Werkzeuge zu sehen.
Alle diese Dinge wurden von Jorgos Chatzidakis selbst zusammengetragen. Seit dessen Tod 2008 führt sein Sohn Andreas das Museum weiter. Die Sammlung befindet sich im Privathaus der Familie. Es gibt keine festen Öffnungszeiten (so wahnsinnig viele Besucher kommen wohl auch nicht), aber in der Regel ist jemand anzutreffen.

Von **Karés** aus folgen wir der Straße nach **Ammoudári**. Besonders markant und vermutlich tausendmal fotografiert ist die vor einigen Jahren hübsch herausgeputzte Kirche direkt an der Durchgangsstraße. Das südlichste und letzte Dorf auf der Ebene, dass wir durchfahren, ist **Petrés** mit einer Taverne und dem etwas außerhalb liegenden, aus Naturstein erbauten Hotel Lefkoritis Resort, ein schönes Domizil für Wanderer und andere Naturliebhaber.

Wir verlassen nun die Ebene, biegen nach ca. drei Kilometern links ab und fahren den Berg hinauf (mal steht hier ein Schild nach **Asféndou**, mal nicht, aber es gibt nur diese eine Abzweigung vor **Ímbros**). Die folgende Strecke ist gewaltig: zwar asphaltiert und meist mit Leitplanken bewehrt, aber steil und kurvenreich. Zum Genießen der Aussicht auf das Tal und die Weißen Berge sollte der Fahrer aber anhalten; denn die Straße erfordert einiges an Aufmerksamkeit, da immer wieder dicke Steine im Weg liegen, die im Winter aus den Hängen gespült oder wie es heißt, von freilaufenden Ziegen losgetreten werden.

Nach schier endlosen Kurven sind wir dann irgendwann mal oben, aber nur, um gleich wieder in großzügigeren Serpentinen hinunter zu fahren.

Tief unter uns sehen wir schon die spärlichen Häuser unseres nächsten Etappenziels **Asféndou**, das von hier fast verlassen aussieht. Von unten übrigens genauso, aber es ist noch bewohnt.

Kurz vor dem Dorfende biegen wir links ab Richtung **Réthymno** und **Kallikrátis** (hier stand jahrelang überhaupt kein Schild, dann wurde eins aufgestellt und kräftig zerschossen und jetzt vielfarbig und schwer lesbar übermalt … aber es ist die richtige Strecke).

Die gebirgige Landschaft, durch die wir nun fahren, kann man fast lieblich nennen, jedenfalls im Frühsommer, wenn die Bäume und die Macchia saftig grün daherkommen.

Dann erreichen wir **Kallikrátis**, das auch winzig ist und verschlafen wirkt. Vorbei am Kafenío am Dorfplatz folgen wir der Straße, passieren außerhalb des Dorfes auf freiem Feld zwei Kafenía und biegen kurz dahinter an einer mal wieder nicht beschilderten Abzweigung nach links ab (geradeaus fahren wir auf einer anderen Tour!).

Nach gut zwei Kilometern passieren wir ein Schild (wir halten uns dort links!), das darauf hinweist, dass die Straße geradeaus bzw. nach rechts sich im Bau befindet. Dieses Schild fotografiere ich seit inzwischen acht Jahren jedes Mal, wenn ich vorbeikomme und kann deshalb seine Geschichte gut nachvollziehen: erstens werden die Einschusslöcher immer größer (!) und zweitens ist die im Bau befindliche Straße seit 2009 fertig und asphaltiert. Aber wir wollen sie uns für einen anderen Ausflug aufheben, denn nun erwartet uns ein echter Höhepunkt: die Serpentinen hinunter nach **Ási Goniá**.

Diese Serpentinen sind wirklich gewaltig. Es geht gefühlt senkrecht hinunter, die Straße (Vorsicht: am Rand immer wieder Geröll) krallt sich förmlich am Berg fest (wir haben die Strecke mal mit einer feststehenden Kamera gefilmt; den Betrachtern wurde fast schlecht beim Ansehen des Films). Schön langsam und vorsichtig kommen wir schließlich doch nach unten und erreichen **Ási Goniá**.

Ási Goniá liegt ziemlich abgeschieden zwischen Berghängen und sieht Touristen nur selten. Außer ein paar Kafenía gibt es keine Infrastruktur, auch keine Unterkunftsmöglichkeit. Die Bewohner leben hauptsächlich von der Viehzucht.
Auf dem Dorfplatz stehen Büsten mehrerer kretischer Widerstandskämpfer, denn Ási Goniá war während der Türkenherrschaft als Widerstandsnest bekannt.
Auch während der deutschen Besetzung spielte das Dorf eine (traurige) Rolle: Deutsche Soldaten wollten als Vergeltung für Partisanenüberfälle Frauen und Kinder erschießen, weil sie keine Männer vorfanden, denn die waren geflüchtet. Doch die Männer kamen rechtzeitig zurück, überfielen den Trupp und töteten etwa ein Dutzend Soldaten.
Leider waren die Folgen entsprechend: Wenige Tage danach wurde Ási Goniá von deutschen Soldaten dem Erdboden gleichgemacht.

Durch ein grünromantisches Tal fahren wir Richtung **Argyroúpolis** weiter. Am Ende des Tals stoßen wir auf die Straße, die links nach **Drámia** und zur Nordküste (zurück) führt, doch wir haben anderes vor und fahren rechts hinauf Richtung **Argyroúpolis**. Schon bald erreichen wir die berühmten Wasserfälle.

In Argyroúpolis gibt es mehrere gute Lokale (wo das Essen in Gesellschaft der Quellen und Wasserfälle noch einmal so gut schmeckt. Hier sitzt man nicht nur an heißen Sommertagen herrlich). Das Vieux Moulin sei hier besonders hervorgehoben, aber auch die anderen Lokale sind empfehlenswert (es wird höchstens dann ein wenig hektisch dort, wenn gleich mehrere Reisebusse vorfahren und alle Fahrgäste auf einmal verköstigt werden wollen). Ich bin am liebsten im Ellanion Fos direkt bei den Wasserfällen.

Dann fahren wir weiter, bis die Straße oben an einem T-Stück endet, biegen nach links ab und wenige Meter weiter nach rechts Richtung **Káto Póros**. Nach weniger als einem Kilometer sehen wir direkt links an der Straße ein Ikonostássi (eine dieser Puppenkirchen). Wir versuchen, eine Parkmöglichkeit zu finden und gehen dann rechts am Ikonostássi vorbei den felsigen Fußweg hinunter.

Dieser Weg führt zu der antiken Nekropole des Dorfes Láppa und zum Kirchlein Pénte Parthenón (Fünf Jungfrauen).
Im Umfeld der Kirche sind Gräber in den Kalkfelsen gehauen, teilweise ineinander verschachtelt. Der Name der Kirche bezieht sich auf fünf Frauen, die wegen ihres christlichen Glaubens von den Römern hingerichtet worden sind und so zu Märtyrerinnen wurden.
Ein beliebter Rastplatz ist gleich unterhalb der Kirche die große Platane, angeblich 2000 Jahre alt und einer der ältesten Bäume auf der Insel. An der kühlen Quelle dort lässt es sich angenehm picknicken.

Wir fahren nun die Straße zurück vorbei an den Wasserfällen und geradeaus zum Dorf **Argyroúpolis** hinauf. Vor der Kirche parken wir und machen uns auf einen kleinen Rundgang durchs Dorf.

Hinter dem Torbogen schräg gegenüber der Kirche (dort liegt der kleine Laden Lappa Avocado, wo es schöne Avocadoprodukte zu kaufen gibt) gehen wir geradeaus durch die Hauptgasse und passieren auf der linken Seite ein schönes venezianisches Tor mit der schwermütigen Inschrift Omnia mundi fumus et umbra (Alles in/auf der Welt ist Rauch und Schatten). Am Ende der Gasse liegt auf der rechten Seite die kleine Kirche der Agía Paraskevi. Der Legende nach besteht die Schwelle am Eingang aus dem Deckel eines Kindersarkophags.
Wir drehen um und steigen die Gasse nach links hinauf und dann wieder links (vorbei an der Kirche der Panagía), bis zu einem überdachten römischen Mosaik auf der linken Seite, das wohl einmal sehr prächtig war.
Dahinter halten wir uns noch einmal links und sind wieder am Ausgangpunkt des kleinen Rundgangs, am Torbogen.

Nach dem Rundgang fahren wir rechts an der Kirche vorbei aus dem Dorf hinaus. Nach etwa vier Kilometern biegen wir links ab, die Straße ist unter anderem nach **Plakiás** ausgeschildert, und fahren hinunter in ein weitläufiges und recht grünes Tal.

An der nächsten Straßengabelung halten wir uns links Richtung **Velonádo** (ob mit oder ohne Zusatzschildchen nach **Plakiás** – mal hängt es dran, mal nicht). Wir fühlen uns nicht zu Unrecht so, als wären wir in der sprichwörtlichen Pampa. Hinter **Velonádo** liegt parallel zur Straße eine Schlucht, mit der wir uns aber heute nicht aufhalten wollen. Dann geht es in mehreren scharfen Kurven wieder steil bergauf. Auf der Anhöhe biegt rechts die Straße nach **Plakiás** ab (diese Strecke fahren wir auf einer anderen Tour).

Wir fahren geradeaus weiter, vorbei an zwei Hügeln links der Straße, die wie Zwillinge aussehen (vielleicht hat der eine oder andere ja weitergehende Assoziationen).

Die Straße führt hinunter nach **Moúndros**, ein kleines malerisch an den Berg gestreutes Dörfchen. Kurz vor dem Dorfende liegt rechts an der Straße ein kleiner Rastplatz, wo wir uns mit frischem Quellwasser erfrischen können.

Etwa drei Kilometer hinter den Dörfern **Roústika** und **Ágios Konstantínos** erreichen wir die alte Straße von **Réthymnon** nach **Chaniá**, in die wir links einbiegen.

Wir folgen der Straße und freuen uns über die nur noch dezenten Kurven und über das viele Grün rechts und links, aber vor allem darüber, dass der gesamte Lkw-Verkehr über die New Road geht (das war mal anders und damals war diese Strecke nur selten ein Genuss).

Und deshalb fahren wir am Ortseingang von **Episkopí** nicht rechts hinunter zur New Road (das wäre nur was für ganz Faule), sondern fahren weiter geradeaus durch das große Dorf.

Knapp einen Kilometer hinter **Episkopí** machen wir noch einen Schlenker und biegen links nach **Filakí** ab. Wir durchqueren das verschlafene Dörfchen, dessen große Platane mitten auf dem kleinen Dorfplatz dem benachbarten Kafenío seinen Namen gegeben hat.

An der nächsten größeren Kreuzung biegen wir links ab Richtung **Kournas-See**. An der Kreuzung danach gibt es zwar viele Schilder, aber keines davon weist nach **Kournás**. Wir entscheiden uns für die mittlere Straße, zu der kein Schild weist, und das ist richtig, denn nach knapp zwei Kilometern erreichen wir **Kournás**. Auch hier lassen wir uns nicht durch Schilder oder Abzweigungen beirren und fahren geradewegs bergauf durch das Dorf hindurch.

Das einzige, was uns aufhalten könnte (und in diesem Fall auch sollte), wäre unser Magen d. h. unser Hungergefühl. In einer Rechtskurve ziemlich weit oben liegt ein unscheinbar wirkendes Lokal mit Namen Kalí Kardhiá, zu Deutsch Gutes Herz, wo der Inhaber Konstantínos Agapinákis oder dessen Töchter auf dem Holzkohlegrill vor dem Haus ihre Spezialitäten zubereiten: hausgemachte Würste oder eingelegtes Schweinefleisch (Apáki). Auch der Politikí-Saláta ist sehens- und genießenswert.

Haben wir mit oder ohne Essen das Dorf hinter uns gelassen, geht es wieder bergab, und wir können unter uns schon das blaugrüne Wasser des **Kournás-Sees** erkennen.

Der Kournás-See ist der einzige natürliche Binnensee auf Kreta (alle anderen sind Stauseen). Wie er da eingebettet zwischen den Bergen liegt, könnte man sich in die Schweiz versetzt fühlen.
Es gibt das ganze Jahr über Tretboote zu mieten, mit denen man geruhsam strampelnd See und Umgebung genießen kann. Tretbootfahren macht hier auch mehr Spaß als am Meer, denn das Wasser ist nicht so bewegt. Das Schönste ist, man kann vom Boot aus ein Bad nehmen. Es gibt zwar ungiftige Wasserschlangen und Enten, aber ein Ungeheuer von Loch Kournás wurde noch nicht gesichtet. Den Spaziergang ganz um den See herum verhindert leider immer noch undurchdringliche Macchia.

Vom See aus könnten wir nun die letzten drei Kilometer bis **Georgioúpolis** flott hinunterfahren, doch wir wollen uns noch einen kleinen Umweg gönnen. Deshalb biegen wir bei der ersten Gelegenheit dazu links ab nach **Máthes**, ein kleines Dörfchen landeinwärts und südlich von **Georgioúpolis**. Die Straße führt durch ein enges grünes Tal, um nicht von Schlucht zu sprechen. Besonders erwähnenswert in **Máthes** sind die Villa Kapasa, ein sehr gemütliches und geschmackvoll eingerichtetes Lokal, das auch Zimmer vermietet, und der beeindruckende Blick auf die weitläufige Bucht. Wer die Ruhe liebt, dem sei dieser Platz auch zum längeren Verweilen sehr empfohlen.

Heute allerdings bleiben wir nicht. Wir fahren nach **Georgioúpolis** hinunter und haben wieder mal eine schöne Tour hinter uns.

Tour 9 – Fast bis zu den Göttern – Große Tour durch den zentralen Norden

Die Tour ist recht ausgedehnt (besonders mit dem optionalen Abstecher), doch die Straße ist durchweg gut und es gibt sehr viel zu sehen und zu erleben. Es muß allerdings ein ganzer Tag dafür eingeplant werden.

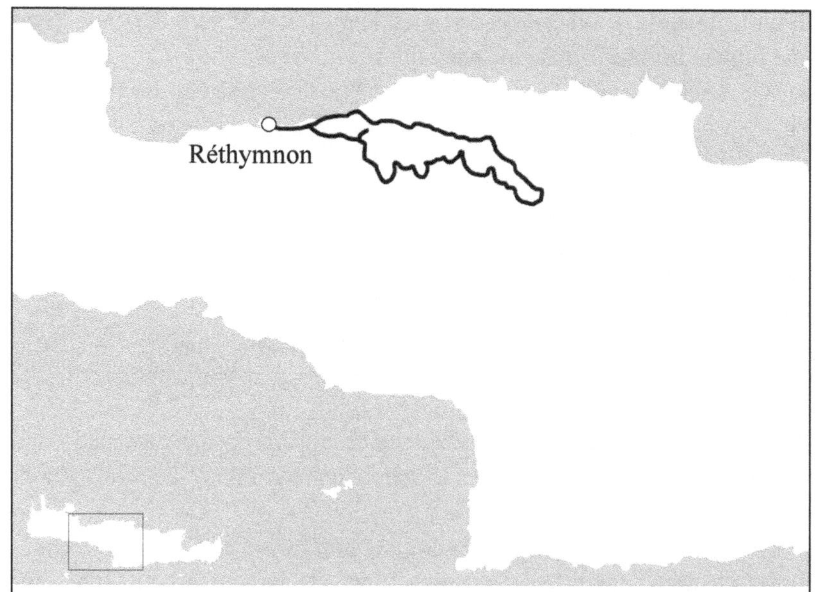

Streckenlänge	ca. 150 km plus 45 km optional
Straßenbeschaffenheit	durchweg Asphalt
Schwierigkeitsgrad	Normal-Pkw
Begeisterungsfaktor	erhöht bis heftig
Höhenangstgefahr	zwischen Anógia und Nída-Hochebene

Streckenverlauf: Réthymnon – Platanés/Plataniás – Ádele – Loútra – Kloster Arsaníou – Kloster Arkádi – Elévtherna – Archaéa Elévtherna – Margarítes – Orthés – Chouméri – Krasoúnas – Ágios Mámas – Ágios Ioánnis – Kályvos – Livádia – Zonianá – Anógia – (optionaler Abstecher auf die Nída-Hochebene) – Axós – Garázo – Mountzaná – Pérama – Stavroménos – Réthymnon

Alternative Startorte: Aufgrund der Länge der Tour sollte man keine allzu lange Anfahrt nach **Réthymnon** haben. Allerdings erreicht man über die New Road die Orte westlich und östlich an der Nordküste schnell, z. B. **Georgioúpolis** oder **Pánormos** (jeweils plus 40 Kilometer hin und zurück).

Wir verlassen **Réthymnon** über die alte Hauptstraße Richtung Osten (das ist die Verlängerung der Hauptdurchgangsstraße von Réthymnon, also nicht zur New Road fahren!). Hinter dem Vorort **Perivólia** kommen wir durch **Misíria**, überqueren eine kleine Brücke und biegen ein Stück hinter einer links der Straße allein stehenden Kirche rechts ab (Richtung **Kloster Arkádi** und **Maroulás**). Wir unterqueren nach etwa 200 Metern die New Road und folgen dahinter der Straße nach links.

Wir durchfahren die Dörfer **Ádele** und **Pigí** und erreichen **Loútra**.

Am Ortsausgang von Loútra bietet sich ein kleiner Abstecher an zum Kloster Arsaníou (hin und zurück 4 bis 5 km). Wir biegen zweimal links ab, fahren durch Pangalochóri hindurch und erreichen bald das Kloster rechts der Straße. Trotz fester Öffnungszeiten ist das Kloster gelegentlich geschlossen, zumindest in der Nebensaison. Wenn man rechts vom Kloster ein paar Meter in den Fahrweg hineingeht, kommt man zum Nebeneingang, und der ist meist offen. So kann man wenigstens einen Blick hineinwerfen – hineingehen sollte man aber nicht.

Zurück in **Loútra** fahren wir links wieder auf die Hauptstraße und dann weiter Richtung **Arkádi**. Auf den letzten Kilometern führt die Straße durch ein grünes schluchtartiges Tal.

Das **Kloster Arkádi** liegt auf einer kleinen Ebene und ist sehr frequentiert. Das stört Fotografen, die gerne Bilder machen ohne Leute, aber mit etwas Geduld schaffen sie das. Wir aber wollen hier nicht Stunden mit Warten verbringen, wir haben noch eine Menge vor.

Das Kloster Arkádi ist kretisches Nationalheiligtum, seit dort über tausend Kreter im Jahre 1866 sich und die türkischen Eroberer in die Luft sprengten. Im Andenken daran gibt es überall auf Kreta Straßen namens Odós 1866.

Der 8. November, der Tag, an dem es geschah, ist der kretische Nationalfeiertag. Und in Réthymnon steht ein Denkmal für Kóstas Giamboudákis, der die Fackel ins Pulverfass senkte.

Das Kloster wirkt wie eine Festung, die es ja auch war, ein recht schmuckloser viereckiger Bau. Man betritt es durch den wieder errichteten Torbogen der Westpforte und steht vor der zwar durch die Kämpfe beschädigten, aber gut erhaltenen Kirche aus dem Jahr 1587, die eines der schönsten und am besten erhaltenen Bauwerke aus venezianischer Zeit ist. Die Restaurierung hat nicht alle Schäden beseitigen können. Die schöne Ikonostase in der zweischiffigen Kirche stammt vom Beginn des 20. Jahrhunderts; die alte Ikonenwand war ebenfalls zerstört. Die frühere Pracht der Kirche ist dennoch erkennbar.

Vor der Kirche steht eine hohe Zypresse, die den Ansturm der Türken und die Explosion überstanden hat. Wenn sie reden könnte, würde sie uns bestimmt auch erzählen, was dran ist an der Geschichte, dass einer der Eingeschlossenen in ihren Zweigen versteckt das Drama überlebt haben soll.

Wenden wir uns nach links, sehen wir ganz in der Nähe der nordwestlichen Ecke die Zelle des Abtes Gabriel, weiter östlich das Gästehaus und daneben das Refektorium, der Speisesaal, direkt daneben die Küche. Die Tische und Bänke im Refektorium zeigen deutliche Hiebspuren, die von dem Gemetzel stammen sollen, das die eingedrungenen Türken veranstaltet haben.

Weiter nach Osten, an der äußersten Ecke, liegt der Raum, der Geschichte machte: die Pulverkammer ohne das bei der Explosion weggerissene Dach.

Im Ost- und im Südteil des Klosters wie auch im größten Teil des Westflügels lagen die Mönchszellen.

Im ersten Stock in der südwestlichen Ecke befindet sich das kleine Museum, das über eine Außentreppe erreichbar ist. Hier sind in der Mehrheit Ausstellungsstücke aus der Geschichte des Klosters bzw. seines Freiheitskampfes ausgestellt, wie Fotos und Gemälde, Waffen aus der Zeit der Revolution, die alte Fahne, die bei der Explosion schwer beschädigt wurde, Teile der alten Ikonostase sowie alter Fresken und Skulpturen, alte Ikonen und Messgewänder, Weihrauchgefäße und Kelche. Die kirchlichen Gegenstände und die Messgewänder hatten die Mönche in den Krypten verstecken können, bevor das Kloster fiel. Nach der Zerstörung gingen drei Mönche heimlich zum Kloster, bargen alles aus den Ruinen und brachten es zum Archimandriten. Bei ihm wurden die Schätze archiviert und zusammen mit anderen in einer Höhle bei Amári versteckt. Erst nach der Befreiung der Insel von den Türken wurden sie zum Kloster zurückgebracht.

Verlässt man das Kloster durch den Haupteingang und überquert den davor liegenden Platz, erreicht man eine kleine Gedenkstätte mit vier Büsten, die von rechts nach links eine besonders tapfere Verteidigerin namens Charíklia Daskaláki, den Abt Gabriel, Kóstas Giamboudákis (den Mann, der die Fackel ins Pulverfass senkte) und den militärischen Führer des Widerstandes Ioánnis Dimakókoulos darstellen. In einer Kapelle ein Treppchen höher sind in einem Beinhaus Schädel von Gefallenen zu sehen, die Verletzungen durch Hieb- und Schusswaffen aufweisen.

Vor dem Kloster gibt es einen Touristenpavillon mit Kinderspielplatz. Und an dem vorbei fahren wir nun vom Parkplatz aus weiter Richtung **Elévtherna**. An einer Straßengabelung halten wir uns rechts und fahren den Hügel hinauf (es gibt aber auch eine Ausschilderung).

Da wir schon davon gehört haben, dass es in **Elévtherna** Ausgrabungen zu sehen gibt, achten wir auf mögliche Beschilderungen und entdecken erst mitten im Dorf auf der linken Seite in einer Rechtskurve eine große Übersichtstafel mit den diversen Ausgrabungen (es liegt hier alles ein bisschen verstreut).

Direkt rechts am Schild vorbei fahren wir auf einem sehr guten Schotterweg hinunter ins Tal zu den Ausgrabungsarbeiten an einer minoischen Nekropole (Friedhof). Wir parken an einem kleinen Häuschen, denn bis zum geschlossenen Tor hin kann man nicht fahren. Da hier noch gegraben wird, kann man wahrscheinlich auch nicht hinein. Trösten wir uns damit, dass wir auf dem Weg zurück nach oben vom Zufahrtsweg aus einen Blick auf die Ausgrabungen werfen können. Auf das futuristische Dach könnten wir verzichten, aber vielleicht brauchen es die Archäologen?

Auf dem gegenüberliegenden Kamm erkennen wir oberhalb der Ausgrabungen einen markanten Turm, doch wie kommen wir da bloß hin? Gemach ... wir kommen!

Elévtherna besteht aus zwei Teilen: aus dem Ort, in dem wir nun oben auf der Hauptstraße angelangt sind, und dem etwa vier Kilometer entfernten **Archéa Elévtherna**, wohin wir nun weiterfahren. Wir nehmen also wieder die Straße unter die Räder und umrunden das langgestreckte Tal, in dem unten die Nekropole liegt, die wir gerade (nicht wirklich) besichtigt haben.

Am kleinen Dorfplatz in Archéa Elévtherna weisen Schilder nach links zur Akropolis (die obere Stadt, hier steht der Turm) und zu Zisternen. Wir folgen der Straße bis zu ihrem Ende (ein knapper Kilometer) bei einer Taverne. Hier parken wir und gehen rechts an der Taverne vorbei den Hügelkamm weiter und bekommen den Turm alsbald aus einer anderen Perspektive zu sehen.

Am Turm vorbei geht es dann zur Zisterne und zu den spärlichen Überresten der dorischen Siedlung von Elévtherna.

Nun fahren wir wieder ins Dorf hinein und am Dorfplätzchen links Richtung **Margarítes**.

Am Dorfausgang weist links ein Schild hinunter zur Kirche des Heilands Christus und der Agía Anna (was nicht drauf steht: hier kommen wir auch zu der Ausgrabung der römisch-byzantinischen Siedlung von Elévtherna), also biegen wir ab. Der Schotterweg ist gut zu fahren. Nach einigen Kurven kommen wir rechts der Straße zu der sehr alten Kirche mit dem heutigen Dorffriedhof und einer erfrischenden Quelle.
Danach geht es noch ein Stück weiter bis zu einem Häuschen, wo wir das Auto abstellen, denn die letzten 200 Meter bis zu den Ausgrabungen sind steil und unwegsam.
Das Ausgrabungsgelände ist eingezäunt, aber man kann gut hineinschauen.

Zurück oben auf der Straße, biegen wir links ein und fahren immer geradeaus (d. h. wir ignorieren alle Abzweigungen) Richtung **Margarítes** (wer das Dorf schon kennt, kann kurz vor **Margarítes** recht abbiegen nach **Orthés** und ein paar Kilometer sparen).

Wir aber wollen uns **Margarítes** anschauen. Schon beim Hineinfahren entdeckt man an der Straße die vielseitig gestalten Schaufenster des Töpferhandwerks: an Bäumen und Hauswänden hängen Krüge, Amphoren und allerlei Kunsthandwerk.

Margarítes ist zwar nicht das einzige Töpferdorf auf Kreta, aber das berühmteste. Es ist ein schmuckes Dörfchen, leidet aber wie andere auch unter der Abwanderung der Bevölkerung in die Städte. Die Töpferei ist auch nicht mehr so einträglich wie früher, da in den meisten kretischen Haushalten das moderne, billigere und wie behauptet hygienischere Plastikgeschirr die tönerne Ware verdrängt. So gibt es nur noch wenige Töpfereien im Dorf, die nach traditioneller Methode arbeiten.
Die klassischen Werkstätten produzieren nach wie vor große Aufbewahrungsgefäße namens Pithoi, wie man sie auch bei Ausgrabungen gefunden hat. Diese Píthoi werden von zwei Personen hergestellt: die eine dreht unten die Töpferscheibe, die andere bearbeitet oben den Ton. Auch kleinere Objekte wie Vasen, kleine verzierte Tonkrüge, Öllämpchen und diverse Produkte zur Belustigung werden getöpfert, denn man hat sich auch hier auf die Touristen eingestellt, die als Individualreisende oder auf Busrundfahrten ins Dorf kommen.
Auch jüngere Töpfer aus dem Ausland haben sich im Dorf niedergelas-

sen und die traditionellen Formen abgewandelt oder verfeinert. Auf jeden Fall findet man hier das eine oder andere schöne Mitbringsel, und das natürlich preiswerter als in den Touristenläden anderswo.

Eine Einkehr in der Taverne am Dorfplatz mit gemütlicher Terrasse inklusive Ausblick lohnt sich ebenfalls.

Wir verlassen **Margarítes** und folgen für etwa vier Kilometer der gut ausgebauten Straße Richtung **Réthymnon**, dann biegen wir in spitzem Winkel rechts ein und fahren zurück Richtung **Orthés** (wenn man vor **Margarítes** abgebogen sein sollte, treffen sich die beiden Straßen dort wieder).

Bei **Orthés** fahren wir links durch eine hübsche kleine Palmenallee Richtung **Anógia**.

Beim Dörfchen **Melissourgáki** weisen braune Schilder zu den Kirchlein der Heiligen Geórgios und Stéfanos (der Abstecher ist aber nur für Allradfahrer möglich!)

Wir folgen der Straße bis zu einem T-Stück mit Stopp-Schild. Hier biegen wir rechts ein Richtung **Chouméri** und **Anógia**.

Die Straße schraubt sich allmählich die Hänge des Ida-Gebirges hinauf, eine spektakuläre Aussicht jagt die andere. Wir fahren durch **Chouméri**, **Krassoúnes**, **Keramotá**, **Avdellás**, **Ágios Mámas** (und widerstehen der Versuchung, vor **Ágios Ioánnis** die links ausgeschilderte Abzweigung nach **Réthymnon** zurück zu nehmen, weil wir sonst die hübsch geflieste Dorfstraße von **Ágios Ioánnis** verpassen) und **Kályvos** nach **Zonianá**.

Zonianá hatte in den letzten Jahren eine schlechte Presse, die Bewohner gelten als obrigkeitsfeindlich und rauhbeinig. Wir merken davon aber nichts und stellen nur fest, dass es ein großes properes Dorf ist, mit einem Heimatmuseum links am Dorfplatz, mehreren hübschen Kirchen und einem Kunstrasenplatz für die Fußballer.

Und noch etwas finden wir am Ortsausgang von Zonianá: Rechts an der Kirche vorbei biegen wir ab zur Sendóni-Höhle, und kommen an eine ziemlich große gemauerte Freilichtbühne und ein ebenfalls großes Café, wo man die Eintrittskarten für die Höhle bekommt (und ein WC vorfindet!). Zur Tropfsteinhöhle sind es vom Café aus nur wenige hundert Meter zu Fuß. Sie ist 145 Meter lang, etwa 3000 Quadratmeter groß und besteht aus mehreren Kammern. Sie ist beleuchtet und dank der Laufstege sicher zu begehen. Während der Saison gibt es auch geführte Touren.

Kurz hinter **Zonianá** und noch einmal etwa eineinhalb Kilometer weiter gabelt sich die Straße. Rechts geht es nach **Anógia** (da wollen wir hin), links nach **Axós** (da kommen wir später vorbei – wer aber jetzt schon die Nase voll hat, kann links abbiegen und die später beschriebene Strecke zurück nach **Réthymnon** nehmen).

Wir aber fahren weiter Richtung **Anógia**. Die Straße bleibt wie sie schon seit einigen Kilometern ist: kurvenreich, aber problemlos befahrbar.

Anógia am Nordhang des Ída-Gebirges ist das größte Bergdorf auf Kreta und eines der Zentren kretischer Volksmusik; von hier stammen die Familien Xyloúris (Níkos Xyloúris, der berühmteste der drei Brüder, starb leider viel zu früh an Kehlkopfkrebs, aber seine Brüder Psarantónis und Psarojánnis singen nach wie vor – jeder auf seine Art einmalig) und Skoulás (Vassílis Skoulás gehört, und das nicht zu Unrecht, zu den berühmtesten Musikern Kretas).

Anógia wurde im 13. Jahrhundert von Bewohnern des benachbarten, weiter Richtung Réthymnon gelegenen Dorfes Axós gegründet, die sich vor diversen Invasoren weiter hinauf in die Berge zurückzogen. Die Venezianer verfolgten sie wegen ihres Widerstands gegen ihre Herrschaft. Schon damals war die Bevölkerung hier eher unbotmäßig und ließ sich nichts gefallen.

Am traurigsten Kapitel in der Geschichte des Ortes wirkten allerdings die deutschen Besatzer im 2. Weltkrieg mit: Wie andere Dörfer wurde auch Anógia Opfer einer Vergeltungsmaßnahme. Im Jahr 1944 wurde bei Archánes der deutsche General von Kreipe entführt. Er wurde quer durch das Ida-Gebirge zur Südküste geschafft und von einem englischen U-Boot nach Ägypten gebracht. Die Deutschen, denen das Widerstandsnest Anógia schon länger ein Dorn im Auge war, denn die Bevölkerung hatte die Engländer mehrfach unterstützt, befanden das Dorf für schuldig, den Entführern als Versteck gedient zu haben (was übrigens auch so gewesen sein mag). Und wie so oft in der Geschichte, vergalten sie Gleiches mit Hundertfachem: Das Dorf wurde völlig vernichtet, alle männlichen Bewohner im Dorf und im Umkreis eines Kilometers wurden erschossen. Heute erinnert eine Gedenktafel in Form eines aufgeschlagenen Buches daran.

In den Kafenía von Anógia hängen Dokumente aus der Zeit des kretischen Widerstands während der deutschen Besetzung, der Katochí, aber wie überall auf Kreta hat der deutsche Gast keine Aversionen zu befürchten. Zu verstehen wären sie.

Der Ort besteht aus einem oberen und einem unteren Teil, die ziemlich unterschiedlich sind. Das obere

Dorf präsentiert sich als normales Bergdorf (allerdings mit regem und chaotischem Straßenverkehr), das untere Dorf ist auf Touristen eingestellt. Überall Teppiche und andere Webarbeiten werden feilgeboten, denn dafür ist Anógia berühmt. Die besten Tavernen am unteren Teil des Dorfplatzes werden (natürlich) von den Familien Xyloúris und Skoulás betrieben.

Sehenswert ist die Kirche Ágios Charálambos am Dorfplatz, ein zweischiffiger Bau aus dem 14./15. Jahrhundert mit gut erhaltenen Fresken (direkt an der Durchgangsstraße), und die kleine Bäckerei dort, die u. a. Hochzeitsbrote in großer Auswahl anbietet.

Hier liegt (hinten rechts, gegenüber dem Kafenío) auch das Geburtshaus der Xyloúris-Brüder, an der anderen Ecke neben einem anderen Kafenío, das Geburtshaus von Vassílis Skoulás (sein Vater lebt noch dort und fertigt urige Schnitzereien aus Olivenholz an, die er zum Verkauf anbietet, z. B. Figuren berühmter Kreter wie Venizélos oder Kazantzákis).

Das Museum Alkibiádes Skoulás liegt ebenfalls in der Nähe (ausgeschildert). Der Maler verstarb in den neunziger Jahren, heute führt sein Sohn Geórgios das Museum, in dem die farbenfrohen naiven Bilder seines Vaters ausgestellt sind. In diesen Bildern wird die Geschichte Kretas und Anógias lebendig. Derzeit ist der Eintritt frei, aber ein kleiner Obolus ist willkommen und kann zu Recht erwartet werden.

Sollte das Museum geschlossen sein, kann man sich an eines der Kafenía am Platz wenden.

Anógia hat dem zunehmenden Straßenverkehr Rechnung getragen: es gibt sowohl für den oberen als auch für den unteren Ortsteil peripheral roads, also Umgehungsstraßen. Wir achten auf die Beschilderung.

Im Prinzip hätten wir nun das Ziel unserer Rundtour erreicht und könnten die ausgeschilderte Hauptstrecke über **Axós** (ebenfalls ein sehr nettes Dorf mit einer bunten neuen Kirche am oberen Dorfeingang und einer kleinen alten Kirche innerhalb), **Garázo** und **Mourtzaná** (hier erreichen wir die alte Straße von **Iráklion** nach **Réthymnon**, auf die wir links einbiegen), **Pérama**, **Cháni Alexándrou**, **Néa Magnisía** und **Stavroménos** nach **Réthymnon** zurückfahren (in **Stavroménos** können wir auch auf die New Road fahren und so ein paar Minuten sparen – jetzt und hier führen alle Wege nach **Réthymnon**).

Optionaler Abstecher

Wenn wir schon in **Anógia** sind, könnten wir auch einen kleinen Abstecher (hin und zurück ca. 45 Kilometer) zu den Göttern machen, nämlich auf die **Nída-Hochebene**.

Dazu fahren wir in **Anógia** bis zum oberen Dorfausgang und biegen dort rechts ab. Die Straße steigt nun noch mehr an, es geht vorbei an einer Käsefabrik, was man meistens auch riecht, und dann in Serpentinen zu den Wolken hinauf. Links der Straße entdecken wir (wahrscheinlich eher erst auf der Rückfahrt) ein ziemlich großes Wasserreservoir. Die Landschaft wird karger, bleibt aber alles in allem lieblicher als sonst in den schroffen Bergen von Kreta. Oder besser gesagt: Ich selbst finde es wunderschön dort.

Etwa auf halber Strecke liegen rechts der Straße die minoischen Ausgrabungen von **Zóminthos**.

Die Ausgrabungen dauern noch an, deshalb ist das Gelände eingezäunt und nicht zugänglich (aber man sieht auch von außen einiges, wenn man drumherum läuft).

Die Archäologen sind der Meinung, dass es sich um eine Siedlung oder um ein großes Landgut handelt, das einerseits aufgrund der Abmessungen von fast 40 x 60 Metern und der großen Anzahl Räume (ca. vierzig im Erdgeschoss – die anderen Stockwerke wurden bei einem Erdbeben um 1400 v. Chr. zerstört) und andererseits aufgrund der Lage direkt an dem Kreuzungspunkt der minoischen Pilgerwege von Norden nach Süden und von Osten nach Westen (von Knossós) auch sehr gut eine minoische Karawanserei gewesen sein könnte, also eine Herberge für die Pilger auf dem Weg zur heiligen Ida-Höhle, und gleichzeitig eine bedeutende Handelsstation.

Es wurde Schafzucht betrieben (es wurden Einrichtungen zur Käseherstellung gefunden) und eine große Töpferwerkstatt. Alles in allem scheint das Leben hier gut organisiert gewesen zu sein.

Die Mauern sind bis zu zweieinhalb Meter hoch und noch in gutem Zustand. Sie bestehen aus fast meterdicken Steinblöcken, die mit Lehm verputzt waren, um dem harten Wintern in immerhin fast 1100 Metern Höhe trotzen zu können. Da Zóminthos nach seiner Zerstörung nicht wieder besiedelt war, sind die Relikte völlig unberührt und gut erhalten. Die Archäologen erwarten noch interessante Funde.

Unterwegs treffen wir vermutlich auf einige Schafherden und ganz bestimmt auf das eine oder andere Mitáto, die runde aus Natursteinen aufgeschichtete Behausung der Schäfer.

Und dann öffnet sich die große **Nida-Hochebene** vor uns, die so eben ist wie ein Fußballfeld. Wir umfahren sie am rechten Hang entlang. Wenn die Sonne scheint (und das tut sie hier oben nicht immer), sieht die **Nída** geradezu majestätisch aus. Etwa ein Kilometer vor dem Ende der Straße weist ein halb weggeschossenes Schild auf vergangene Träume von einem Skigebiet hin, und dann erreichen wir den Touristenpavillon mit Taverne (nur in der Hauptsaison in Betrieb).

Von hier aus ist der Fußweg zur Ida-Höhle (Idaéon Ándron) ausgeschildert, wo der Mythologie zufolge Rhea ihren gerade geborenen Sohn Zeus vor seinem gefräßigen Vater versteckte. Die Höhle ist wegen archäologischer Ausgrabungen öfter für den Publikumsverkehr gesperrt.

Von der Höhle aus ist auch der Antártis (der Partisan) zu sehen, ein 32 x 9 Meter großes liegendes Monument für den Frieden. Es liegt hier schon seit Anfang der 90er Jahre, gestaltet von der deutschen Künstlerin Karina Raeck. Die Einheimischen haben allerdings tatkräftig mitgeholfen, denn allein hätte sie die großen Felsbrocken nicht bewegen können. Sie wurden aus der ganzen Ebene herangeschafft und dicht an dicht in den Boden eingelassen. Es lagen auf der Nída-Ebene, wie es heißt, deshalb so viele Felsbrocken herum, weil die Bewohner Anógias sie hier verteilt hatten, damit deutsche Flugzeuge während der Kriegs- und Besatzungszeit hier nicht landen konnten. Nun dienen sie einem friedlichen Zweck, denn das Monument soll es nicht nur sein, sondern ist es auch: ein Symbol für Versöhnung und Verzeihung für das Verbrechen der deutschen Wehrmacht in Anógia.

Den Weg zurück nach **Anógia** kann man nicht verfehlen, es gibt nur diesen einen.

Tour 10 – Zwischen Himmel und Erde 1

Die Tour ist für Kurvenbegeisterte ein wirkliches Highlight.

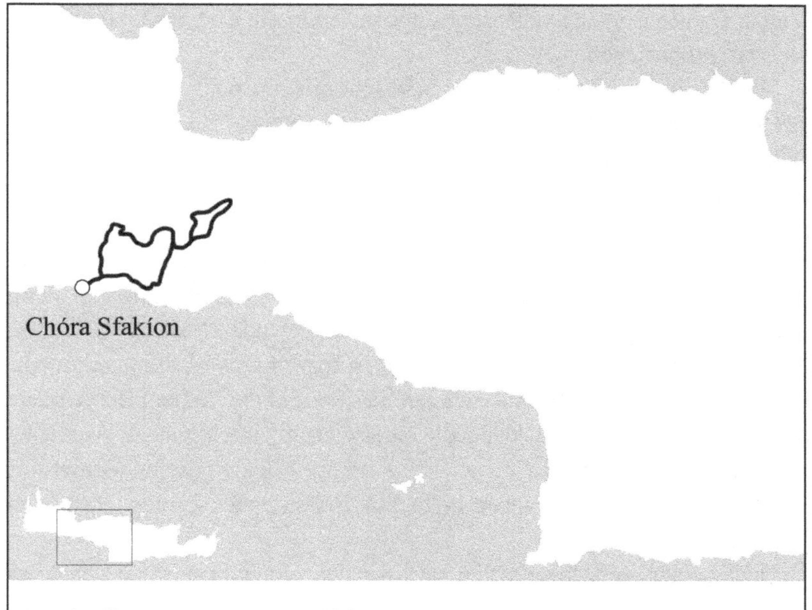

Streckenlänge	ca. 90 km
Straßenbeschaffenheit	durchweg Asphalt
Schwierigkeitsgrad	Normal-Pkw
Begeisterungsfaktor	heftig
Höhenangstgefahr	zwischen Kallikrátis/Ási Goniá und Kallikrátis/Kapsodásos

Streckenverlauf: Chóra Sfakíon – Ímbros – Asféndou – Kallikrátis – Ási Goniá – Argyroúpolis – Myriokéfala – Kallikrátis – Kapsodásos – Patsianós – Komitádes – Chóra Sfakíon

Alternative Startorte: Diese Tour kann auch von **Plakiás** aus unternommen werden, man muss dann nur die Anfahrt bis zum Abzweig vor **Chóra Sfakíon** und die geänderte Rückfahrt ab **Kapsodásos** berücksichtigen (ich allerdings würde von Plakiás aus lieber Tour 11 machen). Zudem ließe sich diese Tour auch mit Tour 8 von Norden aus kombinieren: Anfahrt bis vor **Ímbros** (siehe dort) und zum Schluss von **Chóra Sfakíon** zurück nach Norden.

Wir verlassen **Chóra Sfakíon** auf der Hauptstraße nach Westen (Richtung **Chaniá**) und fahren über die ersten langen Serpentinen des Tages in die Berge. Da diese Straße auch die Hauptzufahrt in die Sfakiá ist, kennen wir sie vermutlich schon.

Wir durchfahren an der **Ímbros-Schlucht** mehrere neuere Tunnel. Rechts der Straße sind dann und wann Reste der alten Straße zu erkennen und wir wundern uns vielleicht, wie hier die vielen Busse, die die Samariá-Pilger heimwärts bringen, zurechtgekommen sind – sie sind es, aber jetzt ist es um vieles einfacher.

Etwa einen Kilometer hinter dem Dorf **Ímbros** biegen wir rechts ab und fahren den Berg hinauf (mal steht hier ein Schild nach **Asféndou**, mal nicht, aber es gibt nur diese eine Abzweigung). Die folgende Strecke ist gewaltig: zwar asphaltiert und meist mit Leitplanken bewehrt, aber steil und kurvenreich. Zum Genießen der Aussicht auf das Tal und die Weißen Berge sollte der Fahrer aber anhalten; denn die Straße erfordert einiges an Aufmerksamkeit, da immer wieder dicke Steine im Weg liegen, die im Winter aus den Hängen gespült oder wie es heißt, von freilaufenden Ziegen losgetreten werden.

Nach schier endlosen Kurven sind wir dann irgendwann mal oben, um gleich wieder in großzügigeren Serpentinen hinunter zu fahren.

Tief unter uns sehen wir schon die spärlichen Häuser unseres nächsten Etappenziels **Asféndou**, das von hier oben fast verlassen aussieht. Von unten übrigens genauso, aber es ist noch bewohnt.

Kurz vor dem Dorfende biegen wir links ab Richtung **Réthymno** und **Kallikrátis** (hier stand jahrelang überhaupt kein Schild, dann wurde eins aufgestellt und kräftig zerschossen und jetzt vielfarbig und schwer lesbar übermalt … aber es ist die richtige Strecke).

Die gebirgige Landschaft, durch die wir nun fahren, kann man fast lieblich nennen, jedenfalls im Frühsommer, wenn die Bäume und die Macchia saftig grün daherkommen.

Dann erreichen wir **Kallikrátis**, das auch winzig ist und verschlafen wirkt. Vorbei am Kafenío am Dorfplatz folgen wir der Straße, passieren außerhalb des Dorfes auf freiem Feld zwei Kafenía und biegen kurz dahinter an einer mal wieder nicht beschilderten Abzweigung nach links ab (geradeaus fahren wir auf einer anderen Tour!).

Nach gut zwei Kilometern passieren wir ein Schild (wir halten uns dort links!), das darauf hinweist, dass die Straße geradeaus bzw. nach rechts sich im Bau befindet. Dieses Schild fotografiere ich seit inzwischen acht Jahren jedes Mal, wenn ich vorbeikomme und kann deshalb seine Geschichte gut nachvollziehen: erstens werden die Einschusslöcher immer größer (!) und zweitens ist die im Bau befindliche Straße seit 2009 fertig und asphaltiert. Aber wir wollen sie uns für einen anderen Ausflug aufheben, denn nun erwartet uns ein echter Höhepunkt: die Serpentinen hinunter nach **Ási Goniá**.

Diese Serpentinen sind wirklich gewaltig. Es geht gefühlt fast senkrecht hinunter, die Straße (Vorsicht: am Rand immer wieder Geröll) krallt sich förmlich am Berg fest (wir haben die Strecke mal mit einer feststehenden Kamera gefilmt; den Betrachtern wurde fast schlecht beim Ansehen des Films). Schön langsam und vorsichtig kommen wir aber schließlich doch nach unten und erreichen **Ási Goniá**.

Ási Goniá liegt ziemlich abgeschieden zwischen Berghängen und sieht Touristen nur selten. Außer ein paar Kafenía gibt es keine Infrastruktur, auch keine Unterkunftsmöglichkeit. Die Bewohner leben hauptsächlich von der Viehzucht.

Auf dem Dorfplatz stehen Büsten mehrerer kretischer Widerstandskämpfer, denn Ási Goniá war während der Türkenherrschaft als Widerstandsnest bekannt.

Auch während der deutschen Besetzung spielte das Dorf eine (traurige) Rolle: Deutsche Soldaten wollten als Vergeltung für Partisanenüberfälle Frauen und Kinder erschießen, weil sie keine Männer vorfanden, denn die waren geflüchtet. Doch die Männer kamen rechtzeitig zurück, überfielen den Trupp und töteten etwa ein Dutzend Soldaten.

Leider waren die Folgen entsprechend: Wenige Tage danach wurde Ási Goniá von deutschen Soldaten dem Erdboden gleichgemacht.

Durch ein grünromantisches Tal fahren wir Richtung **Argyroúpolis** weiter. Am Ende des Tals stoßen wir auf die Straße, die links nach **Drámia** und zur Nordküste (zurück) führt, doch wir haben anderes vor und fahren rechts hinauf Richtung **Argyroúpolis**. Schon bald erreichen wir die berühmten Wasserfälle.

In Argyroúpolis gibt es mehrere gute Lokale (wo das Essen in Gesellschaft der Quellen und Wasserfälle noch einmal so gut schmeckt. Hier sitzt man nicht nur an heißen Sommertagen herrlich). Das Vieux Moulin sei hier besonders hervorgehoben, aber auch die anderen Lokale sind empfehlenswert (es wird höchstens dann ein wenig hektisch dort, wenn gleich mehrere Reisebusse vorfahren und alle Fahrgäste auf einmal verköstigt werden wollen). Ich bin am liebsten im Ellanion Fos direkt bei den Wasserfällen.

Dann fahren wir weiter, bis die Straße oben an einem T-Stück endet, biegen nach links ab und wenige Meter weiter nach rechts Richtung **Káto Póros**. Nach weniger als einem Kilometer sehen wir direkt links an der Straße ein Ikonostássi (eine dieser Puppenkirchen). Wir versuchen, eine Parkmöglichkeit zu finden und gehen dann rechts am Ikonostássi vorbei den felsigen Fußweg hinunter.

Dieser Weg führt zu der antiken Nekropole des Dorfes Láppa und zum Kirchlein Pénte Parthenón (Fünf Jungfrauen).
Im Umfeld der Kirche sind Gräber in den Kalkfelsen gehauen, teilweise ineinander verschachtelt. Der Name der Kirche bezieht sich auf fünf Frauen, die wegen ihres christlichen Glaubens von den Römern hingerichtet worden sind und so zu Märtyrerinnen wurden.
Ein beliebter Rastplatz ist gleich unterhalb der Kirche die große Platane, angeblich 2000 Jahre alt und einer der ältesten Bäume auf der Insel. An der kühlen Quelle dort lässt es sich angenehm picknicken.

Wir fahren nun die Straße zurück vorbei an den Wasserfällen und geradeaus zum Dorf **Argyroúpolis** hinauf. Vor der Kirche parken wir und machen uns auf einen kleinen Rundgang durchs Dorf.

Hinter dem Torbogen schräg gegenüber der Kirche (dort liegt der kleine Laden Lappa Avocado, wo es schöne Avocadoprodukte zu kaufen gibt) gehen wir geradeaus durch die Hauptgasse und passieren auf der linken Seite ein schönes venezianisches Tor mit der schwermütigen Inschrift Omnia mundi fumus et umbra (Alles in/auf der Welt ist Rauch und Schatten). Am Ende der Gasse liegt auf der rechten Seite die kleine Kirche der Agía Paraskevi. Der Legende nach besteht die Schwelle am Eingang aus dem Deckel eines Kindersarkophags.
Wir drehen um und steigen die Gasse nach links hinauf und dann wieder links (vorbei an der Kirche der Panagía), bis zu einem überdachten römischen Mosaik auf der linken Seite, das wohl einmal sehr prächtig war.
Dahinter halten wir uns noch einmal links und sind wieder am Ausgangspunkt des kleinen Rundgangs, am Torbogen.

Wir fahren nun rechts an der Kirche vorbei aus dem Dorf hinaus. Die Abzweigung nach **Plakiás** (nach etwa drei Kilometern) lassen wir links liegen und fahren weiter nach **Myriokéfala**.

Eine Besonderheit hier ist das Kloster Myriokéfala (der Heiligen Muttergottes geweiht). Es ist meines Wissens das einzige Kloster auf Kreta, das in einem Dorf liegt. Es ist an der Durchgangsstraße ausgeschildert und nicht zu verfehlen.

Das Kloster wurde 1397 gegründet, 1770 von den Türken zerstört, aber wieder aufgebaut. Und es ist schöner denn je, wie man auf alten Fotos erkennen kann. Im Jahre 1997 wurde es vollständig restauriert: Der alte Putz wurde vollständig entfernt und die Kirche strahlt wieder ganz in Naturstein.

Die Mönchszellen liegen um den großen schattigen Klosterhof herum, den man durch einen weiß verputzten Glockenturm betritt. Vor dem Kloster steht links vom Turm eine Büste von Ánthimos Leledákis, der aus Myriokéfala stammte und von 1903 bis 1935 Bischof von Kíssamos und Selinos war.

Auch dieses Kloster war ein Zentrum des Widerstands gegen die türkische Fremdherrschaft. Es war prädestiniert dafür, weil es zum einen sehr abgelegen war (die Asphaltstraße gab es noch nicht) und enge Verbindungen zur Sfakiá pflegte. Ein weiterer berühmter Sohn des Dorfes war Geórgios Maravelákis, der im Kampf gegen die Türken bei Atsipópoulo fiel.

Vom Kloster fahren wir wieder zur Hauptstraße hinauf, in die wir rechts einbiegen und dann links den Berg hinauf Richtung **Kallikrátis** fahren. Ja, es stimmt schon, jetzt fahren wir auf der anderen Seite des weiten Tals auf der inzwischen fertig gestellten Straße Richtung **Kallikrátis** zurück.

Auch dieser Teil der Strecke ist nicht ohne. Die Straße wurde zu einem großen Teil direkt in den Felshang gesprengt, und der Blick des Beifahrers wird sich immer mal wieder nach oben richten, um sich zu vergewissern, dass keine Steinbrocken herunterkommen. Der Blick des Fahrers hingegen sollte auf die Straße gerichtet sein, weil dort Heruntergekommenes liegen könnte …

An dem zerschossenen Straßenschild von vorhin biegen wir links ab, immer noch Richtung **Kallikrátis**.

An dem T-Stück vor **Kallikrátis** (zur Erinnerung: wir sind von rechts her gekommen), biegen wir nun links ein. Irgendwann hängt an einem Zaun auch mal ein handgemaltes Hinweisschild **Frangokástello**.

Im ersten Teil führt die Straße schmal aber übersichtlich durch grüne Landschaft. Ein Kirchlein rechts der Straße auf dem Hügel kurz hinter **Kallikrátis** hat aus der Nähe gesehen nichts zu bieten.

Im Weiteren wird die Straße ein paar Mal sehr eng, vor Kurven ist Vorsicht angesagt, denn mit Gegenverkehr ist zu rechnen. Und dann liegt sie vor uns: die für heute letzte große Serpentinenstrecke. Der asphaltierte Bereich ist hier nicht viel breiter als ein Auto, der geschotterte Bereich jedoch bietet an der Seite reichlich Platz zum Ausweichen (entgegenkommende Autos kann man meist schon einige Kurven weiter unten sehen).

Dann sind wir fast auf Meereshöhe angekommen und biegen im Dörfchen **Kapsodásos** links auf die Hauptstraße nach **Rodákino** und **Plakiás** ein, folgen ihr aber nur etwa zwei Kilometer und biegen dann rechts ab nach **Frangokástello** (wer **Frangokástello** kennt, kann sich den kleinen Schlenker sparen und biegt in **Kapsodásos** gleich rechts ab Richtung **Chóra Sfakíon**).

In Frangokástello findet man eines der bedeutendsten Relikte der venezianischen Herrschaft auf der Insel: die gleichnamige Festung. Sie wurde nach der Eroberung der Insel Anfang des 13. Jahrhunderts errichtet. Von außen wirkt sie noch gut erhalten, innen allerdings stehen nur noch die Mauern. Die zu besteigen ist nicht möglich (es gibt keine Decken, keine Treppen, es besteht Baufälligkeit). Imposant ist das Kastell aber allemal – und auch ein wenig gespenstisch, wegen der Spukgestalten, die alljährlich im Mai erscheinen, die Drossoulites (Tauschatten). Abergläubische wollen in den in der Morgendämmerung an der Festung vorbeiziehenden Schatten die Seelen der kretischen Widerstandskämpfer erkennen, die im Küstensand begraben liegen, seit im Jahre 1828 die von den Kretern gegen eine türkische Übermacht gehaltene Festung letztlich doch gefallen war. Realisten halten es wohl eher mit den Wissenschaftlern, die in den Schatten eine Luftspiegelung aus Libyen sehen, die auf Grund besonderer meteorologischer Bedingungen ausschließlich im Mai auftritt.

Vor dem Kastell steht ein Denkmal, das an die kretischen Kämpfer und besonders an ihren Führer Chatsimichális erinnert.

Direkt unterhalb des Kastells liegt der sandige Ortsstrand, der sehr flach ins Meer ausläuft; man muss ziemlich weit hinaus waten, um genug Wasser zum Schwimmen unter den Bauch zu bekommen. Für Kinder ist es hier ideal. Unangenehm ist nur der zu manchen Jahreszeiten heftig

wehende Wind, der den feinen Sand wie Nadeln vor sich hertreibt.
Eine schönere Bademöglichkeit bietet sich etwa 500 Meter östlich des Kastells, eine Badebucht mit Sandstrand zwischen zackigen Felsen. Schon wegen des Windes unbedingt empfehlenswert.

Wir fahren weiter durch die verstreut liegende Ansiedlung nach Westen und biegen vor **Patsianós** links auf die Hauptstraße Richtung **Chóra Sfakíon** ein. Verfahren können wir uns jetzt nicht mehr (aber noch einmal irgendwo rasten, z. B. in **Komitádes** in der Taverne Giorgos mit großer Meerblickterrasse).

Tour 11 – Zwischen Himmel und Erde 2

Kurven, Kurven, Kurven … wer sie mag, für den ist diese Tour genau richtig.

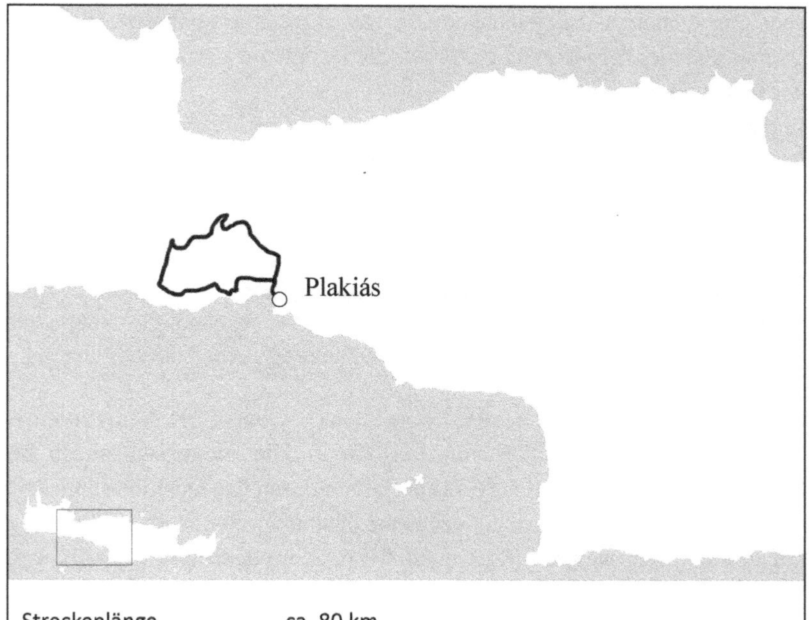

Streckenlänge	ca. 80 km
Straßenbeschaffenheit	durchweg Asphalt
Schwierigkeitsgrad	Normal-Pkw
Begeisterungsfaktor	heftig
Höhenangstgefahr	zwischen Ási Goniá/Kallikrátis und Kallikrátis/Kapsódasos

Streckenverlauf: Plakiás – Mýrthios – Kotsifoú-Schlucht – Ágios Ioánnis – Kalí Sikiá – Velonádo – Argyroúpolis – Ási Goniá oder Myriokáfala – Kallikrátis – Kapsodásos – Skalotí – Rodákino – Selliá – Plakiás

Alternative Startorte: Diese Tour kann auch von **Chóra Sfakíon** aus unternommen werden, man muss dann nur die Anfahrt bis **Séllia** und die andere Rückfahrt ab **Kapsodásos** berücksichtigen (von **Chóra Sfakíon** aus würde ich lieber Tour 10 wählen). Auch von **Agía Galíni** aus ist die Tour gut zu machen – hinzu kommt dann nur die Strecke bis/von **Plakiás** (die man wie in Tour 12 beschrieben auch wiederum als Rundtour machen kann – dann kommen aber ca. 85 Kilometer hinzu, d. h. die Tagesstrecke verdoppelt sich.)

Wir verlassen **Plakiás** nach Westen Richtung Soúda-Bucht und fahren kurz vor der Bucht rechts hinauf Richtung **Séllia**. Die Straße ist stellenweise steil aber gut zu fahren. In **Séllia** könnten wir uns leicht verfahren, hier gilt: Wenn es wieder bergab geht, bevor wir die Hauptstraße erreicht haben, sind wir falsch abgebogen!

An der Hauptstraße biegen wir rechts ein und verlassen **Séllia** nach Osten. Nach etwa zwei Kilometern geht rechts die Straße nach **Mýrthios** ab, die wir für dieses Mal ignorieren, weil wir geradeaus durch die **Kotsifoú-Schlucht** fahren wollen, die wir sehr bald darauf erreichen.

Die Schlucht ist nicht übermäßig groß aber beeindruckend. Den Bequemen unter den Hobbyfotografen kommt entgegen, dass sie vom Auto aus fotografieren können, da die Straße durch die Schlucht hindurchführt.

Einen knappen Kilometer hinter der Schlucht liegt das Dorf **Ágios Ioánnis** (eines von vielen gleichen Namens auf Kreta). Hier biegen wir gleich am Ortseingang links ab nach **Kalí Sikiá**, fahren durch das Dorf hindurch und weiter den Berg hinauf. Fast auf der Höhe, halten wir uns an einer Gabelung rechts und fahren weiter bis zu einem T-Stück, an dem wir links abbiegen Richtung **Velonádo**.

Die Straße führt in mehreren scharfen Kurven bergab. Vor **Velonádo** verläuft rechts parallel zur Straße eine Schlucht, die wir heute aber dort liegen lassen. Wir ignorieren einige Kilometer weiter die Abzweigung, die in spitzem Winkel links nach **Vilandrédo** führt. Weiter geht es durch ein grünes Tal, wieder einige heftige Kurven bergauf, bis wir wieder an ein T-Stück kommen.

Wenn wir noch nicht in Argyroúpolis waren, nehmen wir die Straße nach rechts, die uns in knapp vier Kilometern dorthin bringt. (Für weitere Informationen über Argyroúpolis siehe Touren 8 und 10.)

Wenn wir auf diesen Abstecher verzichtet haben (oder davon zurück sind), fahren wir weiter nach **Myriokefála**.

Eine Besonderheit ist hier ist das Kloster Myriokéfala (der Heiligen Muttergottes geweiht). Es ist meines Wissens das einzige Kloster auf Kreta, das in einem Dorf liegt. Es ist an der Durchgangsstraße ausgeschildert und nicht zu verfehlen.
Das Kloster wurde 1397 gegründet, 1770 von den Türken zerstört, aber wieder aufgebaut. Und es ist schö-

ner denn je, wie man auf alten Fotos erkennen kann. Im Jahre 1997 wurde es vollständig restauriert: Der alte Putz wurde vollständig entfernt und die Kirche erstrahlt wieder ganz in Naturstein.

Die Mönchszellen liegen um den großen schattigen Klosterhof herum, den man durch einen weiß verputzten Glockenturm betritt. Vor dem Kloster steht links vom Turm eine Büste von Ánthimos Leledákis, der aus Myriokéfala stammte und von 1903 bis 1935 Bischof von Kíssamos und Selinos war.

Auch dieses Kloster war ein Zentrum des Widerstands gegen die türkische Fremdherrschaft. Es war prädestiniert dafür, weil es zum einen sehr abgelegen war (die Asphaltstraße gab es noch nicht) und enge Verbindungen zur Sfakiá pflegte. Ein weiterer berühmter Sohn des Dorfes war Geórgios Maravelákis, der im Kampf gegen die Türken bei Atsipópoulo fiel.

Vom Kloster fahren wir wieder zur Hauptstraße hinauf, in die wir rechts einbiegen und dann links den Berg hinauf Richtung **Kallikrátis** fahren. Ja, es stimmt schon, denn jetzt fahren wir auf der anderen Seite des weiten Tals auf der inzwischen fertig gestellten Straße Richtung **Kallikrátis** zurück.

Auch dieser Teil der Strecke ist nicht ohne. Die Straße wurde zu einem großen Teil direkt in den Felshang gesprengt, und der Blick des Beifahrers wird sich immer mal wieder nach oben richten, um sich zu vergewissern, dass keine Steinbrocken herunterkommen. Der Blick des Fahrers hingegen sollte auf die Straße gerichtet sein, weil dort Heruntergekommenes liegen könnte …

An dem zerschossenen Straßenschild von vorhin biegen wir links ab, immer noch Richtung **Kallikrátis**.

An dem T-Stück vor **Kallikrátis** (zur Erinnerung: wir sind von rechts gekommen), biegen wir nun links ein. Irgendwann hängt an einem Zaun auch mal ein handgemaltes Hinweisschild **Frangokástello**.

Im ersten Teil führt die Straße schmal aber übersichtlich durch grüne Landschaft. Ein Kirchlein rechts der Straße auf dem Hügel kurz hinter **Kallikrátis** hat aus der Nähe gesehen nichts zu bieten.

Im Weiteren wird die Straße ein paar Mal sehr eng, vor Kurven ist Vorsicht angesagt, denn mit Gegenverkehr ist zu rechnen. Und dann liegt sie vor uns: die für heute letzte große Serpentinenstrecke. Der asphaltierte Bereich ist hier nicht viel breiter als ein Auto, der geschotterte Bereich jedoch bietet an der Seite reichlich Platz zum Ausweichen (entgegenkommende Autos kann man meist schon einige Kurven weiter unten sehen).

Dann sind wir fast auf Meereshöhe angekommen und biegen im Dörfchen **Kapsodásos** links auf die Hauptstraße nach **Rodákino** und **Plakiás** ein, folgen ihr aber nur etwa zwei Kilometer und biegen dann rechts ab nach **Frangokástello** (wer **Frangokástello** kennt, kann sich den kleinen Schlenker sparen und biegt in **Kapsodásos** gleich rechts ab Richtung **Chóra Sfakíon**).

In Frangokástello findet man eines der bedeutendsten Relikte der venezianischen Herrschaft auf der Insel: die gleichnamige Festung. Sie wurde nach der Eroberung der Insel Anfang des 13. Jahrhunderts errichtet. Von außen wirkt sie noch gut erhalten, innen allerdings stehen nur noch die Mauern. Die zu besteigen ist nicht möglich (es gibt keine Decken, keine Treppen, es besteht Baufälligkeit). Imposant ist das Kastell aber allemal – und auch ein wenig gespenstisch, wegen der Spukgestalten, die alljährlich im Mai erscheinen, die Drossoulites (Tauschatten). Abergläubische wollen in den in der Morgendämmerung an der Festung vorbeiziehenden Schatten die Seelen der kretischen Widerstandskämpfer erkennen, die im Küstensand begraben liegen, seit im Jahre 1828 die von den Kretern gegen eine türkische Übermacht gehaltene Festung letztlich doch gefallen war. Realisten halten es wohl eher mit den Wissenschaftlern, die in den Schatten eine Luftspiegelung aus Libyen sehen, die auf Grund besonderer meteorologischer Bedingungen ausschließlich im Mai auftritt.

Vor dem Kastell steht ein Denkmal, das an die kretischen Kämpfer und besonders an ihren Führer Chatsimichális erinnert.

Direkt unterhalb des Kastells liegt der sandige Ortsstrand, der sehr flach ins Meer ausläuft; man muss ziemlich weit hinaus waten, um genug Wasser zum Schwimmen unter den Bauch zu bekommen. Für Kinder istes hi er ideal. Unangenehm ist nur der zu manchen Jahreszeiten heftig wehende Wind, der den feinen Sand wie Nadeln vor sich hertreibt.

Eine schönere Bademöglichkeit bietet sich etwa 500 Meter östlich des Kastells, eine Badebucht mit Sandstrand zwischen zackigen Felsen. Schon wegen des Windes unbedingt empfehlenswert.

Wir fahren weiter durch die verstreut liegende Ansiedlung nach Osten zur Hauptstraße, der wir nun über **Skalotí**, **Argoulés**, **Rodákino** (mit einer vielfotografierten alten Brücke zwischen oberem und unterem Dorf – nicht auf der Straße anhalten, denn wenn ein Bus kommt, gibt es einen Verkehrsstau!) und **Séllia** weiter folgen bis zur Abzweigung rechts nach **Mýrthios**.

Das kleine Dorf Mýrthios klebt oberhalb von Plakiás wie ein Schwalbennest am Hang. Von den Tavernen aus ist der Blick überwältigend. Viele Durchreisende machen hier Rasten, und Badegäste aus Plakiás kommen gerne zum Essen und zum Schauen hier herauf. Wenn wir bisher noch nicht eingekehrt waren, hier sollten wir es tun: Panórama, Platía und Mýrthios sind gleichermaßen zu empfehlen!

Von **Mýrthios** aus folgen wir dann der Straße noch ein Stückchen weiter nach Osten und dann der Abzweigung rechts hinunter nach **Plakiás**.

Tour 12 – Rundfahrt von Agía Galíni nach Westen

Landschaftlich beeindruckende und abwechslungsreiche Tour, auch abseits üblicher Pfade.

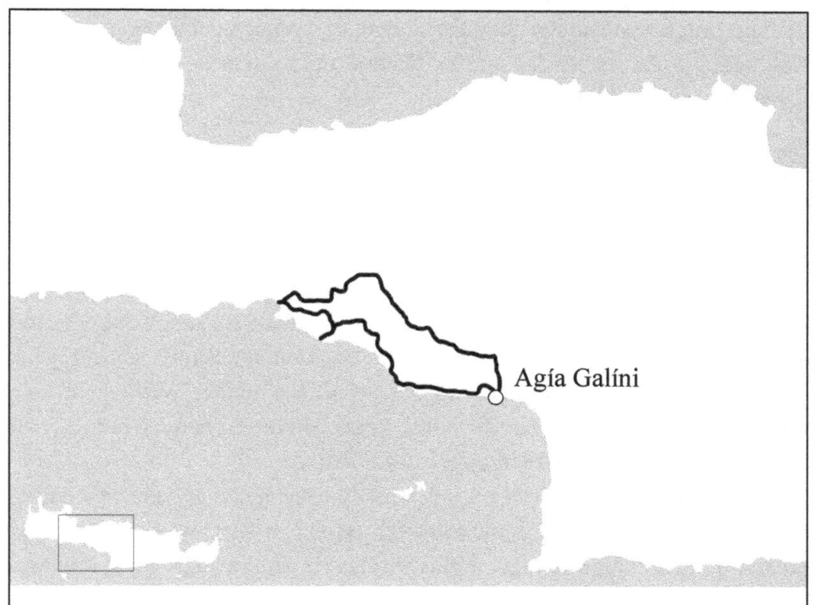

Streckenlänge	ca. 85 km
Straßenbeschaffenheit	fast durchweg Asphalt (bis auf 4 km zwischen Ágios Geórgios/Ágios Pávlos und Drímiskos/altes Kloster Préveli)
Schwierigkeitsgrad	Normal-Pkw
Begeisterungsfaktor	erhöht

Streckenverlauf: Agía Galíni – Ágios Geórgios – Ágios Pávlos – Triópetra-Beach – Keramés – Drímiskos – Préveli – Plakiás – Asómatos – Kourtaliótiko-Schlucht – Spíli – Agía Galíni

Alternative Startorte: Die Orte östlich von **Agía Galíni** wie **Mátala, Kalamáki/ Kamilári, Pitsídia** oder **Sívas** (dann kommt eben die Zu- bzw. Rückfahrt nach/ von **Agía Galíni** hinzu). Man kann auch in **Plakiás** oder **Spíli** bei veränderter Reihenfolge der Beschreibung in die Tour einsteigen.

Außerhalb von **Agía Galini** biegen wir gleich in die Straße links nach **Mélambes** ein. Nach etwa drei Kilometern biegen wir wieder links ab nach **Ágios Geórgios** (Achtung: die Abzweigung liegt in einer Kurve). Die Straße führt durch Olivenhaine allmählich bergab, vorbei an einer neuen grauen Natursteinkirche rechts der Straße. Dann erreicht man den Abzweig nach **Ágios Geórgios**, das man schon sieht.

Ágios Geórgios ist kein richtiger Ort, sondern besteht nur aus einigen wenigen Häusern am Meer, genauer gesagt aus zwei Tavernen und der Kirche Ágios Geórgios.

Wir bleiben auf der Asphaltstraße, die ab hier oberhalb des Meeres entlang führt. Nach etwa zwei Kilometern wird der Asphalt zu Schotter (hier sind auch schon mal Leute umgedreht, weil sie dachten, die Straße sei zu Ende), ist mit ein wenig Vorsicht aber gut befahrbar. Nach einer Weile sieht man unterhalb der Straße das Kirchlein des **Ágios Márkos**, der Weg hinunter ist aber nur etwas für Allradfahrzeuge oder Füße.

Dann stößt der Schotterweg wieder auf eine Asphaltstraße und wir halten uns links. Nach zwei bis drei Kilometern erreichen wir eine Kreuzung und biegen links ab hinunter nach **Ágios Pávlos** (noch etwa ein guter Kilometer).

Wir fahren in die Bucht hinunter, die zwischen den Felsen einen Sandstrand bietet; ins Wasser kommt man auf einer glatten Felsplatte. Das Meer ist so klar, dass man zuschauen kann, wie einem die kleinen Fische um die Füße herumschwimmen. Ideal zum Schnorcheln. In der Scopas-Beachbar, wo es auch Kleinigkeiten zu essen gibt, könnten wir eine kleine Rast einlegen. Wir können baden oder den westlichen Hang hochklettern. Oben findet man interessante Felsformationen und kann den Blick über den langen Strand von Triópetra genießen.

Nach der Rast fahren wir die Zufahrtsstraße wieder hoch bis zu der Kreuzung, an der wir von rechts gekommen waren und biegen nun links ab nach **Triópetra**. Dass es im Folgenden wieder eine ganze Menge Kurven gibt, ist wohl überflüssig zu erwähnen.

Nach etwa zwei Kilometern erreichen wir eine Abzweigung, an der wir links zum Strand hin abbiegen. Nachdem wir rechts um eine felsige Landzunge herumgefahren sind, liegt der Strand von **Triópetra** vor uns, aber wir sehen von hier aus nur zwei statt der drei erwarteten Felsen!

Das erklärt sich wie folgt: Als vor vielen Jahren das erste Lokal am östlichen Teil des Strandes eröffnete, nannte es sich Triópetra-Beach und okkupierte sozusagen den Namen für diesen Teil. Als später auch der westliche Teil des Strandes erschlossen wurde, von dem man aus alle drei Felsen sieht, nannte man ihn zur Unterscheidung Akoúmia-Beach nach dem Dorf oberhalb.

Wir fahren an den beiden Tavernen vorbei zum Ende des Strandes, dann steigt der Weg für einige Meter steil an. Oben halten wir uns scharf rechts und fahren an der nächsten Abzweigung links. Nach ein bis zwei Kilometer erreichen wir die breite Hauptstraße, die wir nach links hinunter zum Strand fahren.

Hier gibt es links vor den berühmten drei Felsen auch zwei Tavernen und rechts davon eine einfache Kantina.

Ob wir nun einkehren oder nicht, wir fahren jedenfalls direkt am Strand entlang an der Kantina vorbei nach Westen. Am Ende des Strandes wird die Piste zur Asphaltstraße und windet sich kurvenreich bergauf.

Die Abzweigung nach **Agía Paraskeví** (rechts) und zum **Lígres-Beach** (links) ignorieren wir und fahren durch **Agalianós** nach **Keramés**. Von dort aus folgen wir der Hauptstraße nach **Drímiskos**. Dieses Dorf liegt unterhalb der Straße und ist kaum zu sehen, wenn man vorbei rauscht. Wir aber fahren mitten hindurch: Gleich hinter den ersten Häusern auf der linken Seite beschreibt die Straße eine scharfe Rechtskurve, der wir aber nicht folgen, sondern genau an dieser Stelle geradeaus den steilen Weg hinunter ins Dorf nehmen.

Als erstes kommen wir zum Dorfplatz mit dem einzigen Kafenío des Ortes unter einer riesigen Platane.

Zu manchen Tageszeiten ist das Kafenío allerdings verwaist, denn Drímiskos hat nicht mehr viele Einwohner. Im Sommer aber gibt es reichlich Verwandtenbesuch und im Kafenío tanzt dann der Bär. Ein herrliches Plätzchen, wo man auch was Leckeres zu essen kriegen kann. Allerdings haben 2008 in dieser Gegend verheerende Brände gewütet, sogar einige Häuser im Ort zerstört. Und ich hörte davon, dass das deutsch-griechische Betreiberpaar des Kafenío aufgeben wollte und es vielleicht schon getan hat. Das wäre sehr schade, denn ansonsten gibt es nicht mehr viel Leben im Dorf.

Wir fahren links am Kafenío vorbei (langsam und rücksichtsvoll, ein paar Bewohner gibt es schon) und folgen der Straße bis zum Dorfende. Hier zweigt links eine Schotterstraße ab, und der folgen wir.

Die nächsten Kilometer waren 2011 noch nicht asphaltiert, und hier gilt wieder: bei angepasster Fahrweise haben auch Pkw ohne Allradantrieb keine Probleme. Und je langsamer wir fahren, desto mehr können wir den opulenten Blick aufs Meer genießen. Es geht immer steiler bergab, bis zu einer Abzweigung, an der wir rechts einbiegen und dann nach etwa drei Kilometern zu einer Taverne am **Megalopotamós** kommen.

Wir überqueren den Fluss auf einer modernen Betonbrücke. Die vielfotografierte alte Brücke gleich daneben ist übrigens nicht venezianischen Ursprungs, wie fast überall zu lesen ist, sondern wurde erst im 19. Jahrhundert erbaut.

Hinter der Brücke biegen wir links auf die dahinter vorbeiführende Asphaltstraße ein.

Kurz darauf passieren wir linkerhand das **alte Kloster Préveli**.

Das Kloster liegt direkt am Fluss und hieß früher Moní Méga Potámou (Kloster des Großen Flusses). Heute ist es verlassen und teilweise verfallen, doch nicht nur der Quelle im Inneren wegen lohnt sich ein Stopp.

Nachdem die Straße wieder etwas angestiegen ist und sich rechts um den Berg herumgewunden hat, zweigt nach links der inzwischen bis vorne auf die Klippe befahrbare Weg ab, an dessen Ende man zum Meer hinuntersteigen kann. Der Parkplatz am Ende des Weges wurde inzwischen sogar asphaltiert, was eigentlich nicht wirklich nötig gewesen wäre. Am Parkplatz werden Obstsäfte und andere Getränke verkauft. Der Weg hinunter in die Bucht ist nicht zu verfehlen, allerdings nicht ganz unbeschwerlich.

Der Palmenstrand von Préveli ist weithin berühmt. Früher war hier nur ein wilder Bade- und Campingplatz für Rucksacktouristen, heute ist er ein auch von Einheimischen vielbesuchter Badestrand. Die damit einhergehende Umweltverschmutzung ist ein großes Problem, und leider brennt es auch häufiger hier (das letzte Mal 2011). Erstaunlich ist, dass sich die Palmen immer wieder davon erholen.

Wir folgen der Straße weiter und erreichen bald das **neue Kloster Préveli**:

Neben Arkádi war das Kloster Préveli das wohl bekannteste Widerstandsnest gegen Okkupanten aller Zeiten. Während des 2. Weltkrieges warteten englische Soldaten auf der Flucht vor den Deutschen hier darauf, von U-Booten evakuiert zu werden.

Wie in fast allen kretischen Klöstern, leben auch hier nicht mehr viele Mönche. Aber einer von ihnen wird sicher gerne bereit sein, dem Besucher die wichtigste Reliquie des Klosters zu zeigen, den Splitter vom Kreuz Christi, der in ein prächtiges Kreuz eingearbeitet ist und Augenleiden heilen soll.

Um diese Reliquie rankt sich eine bekannte Geschichte: Deutsche Besatzer sollen während des 2. Weltkriegs den Splitter aus dem Kreuz gestohlen haben. Doch das wundersame Stückchen Holz bewies seine Macht über die moderne Technik: Die Motoren des Flugzeugs, mit dem es von der Insel gebracht werden sollte, weigerten sich hartnäckig anzuspringen. Erst als sich die Reliquie reumütig zurückgebracht wieder an Ort und Stelle befand, funktionierten die Motoren wieder, heißt es.

Am 14. September, dem Tag des Heiligen Kreuzes, findet hier eine große Feier statt, zu der auch Kreter aus der weiteren Umgebung anreisen (man achte an diesem Tag besonders auf ordentliche Kleidung und nehme Rücksicht auf das Fastengebot der Strenggläubigen).

Das Kloster ist täglich von 9.00 bis 19.00 Uhr geöffnet, der Eintritt beträgt ca. 2 Euro. Vor dem Kloster befindet sich ein Kiosk mit Erfrischungsgetränken etc.

Im rechten Teil des Klostergeländes liegen die Unterkünfte der Mönche, an der hinteren Stirnseite die Wohnung des Abtes und andere offizielle Räume. In der Klostermitte steht die zweischiffige Kirche (erbaut 1836) mit zwei prächtigen Ikonostasen. Am hinteren Mittelpfeiler befindet sich das Kreuz mit dem berühmten Splitter. An den zentralen Mittelpfeiler schmiegt sich eine reich verzierte Kanzel, zu der eine schmale Wendeltreppe hinaufführt. An den Längsseiten der Kirche das Gestühl der Mönche, rechts deutlich hervorgehoben der Platz des Abtes.

In der Klosterkirche finden regelmäßig auch öffentliche Gottesdienste statt, was man schon an den fest installierten Mikrophonen erkennen kann.

Unter der Kirche befindet sich das kleine Klostermuseum, wo alte Ikonen, Messgewänder, Weihrauch- und Wassergefäße, reich verzierte Kreuze und Evangelarien, aber auch Waffen aus der Zeit des Widerstands gegen die Türken gezeigt werden.

Am Eingang zum Museum kann man Ikonen und andere Devotionalien kaufen, darunter besonders kunstvoll und kompliziert geknüpfte Armbänder. Solche Armbänder trugen die Mönche der Legende zufolge nachts um das Handgelenk, um ihren Schlaf und ihre Träume vor Dämonen zu schützen. Diese Knoten bilden Kreuze, und angeblich soll ein Engel vom Himmel herabgestiegen sein, um den Mönchen beizubringen, wie man sie knüpft. Da die Dämonen zu dusselig waren, die Knoten zu lösen, waren Schutz und Schönheitsschlaf gewährleistet. Die Armbänder von heute werden allerdings nicht mehr von den Mönchen hier hergestellt, sondern kommen von außerhalb (vom Áthos). Ob sie dort (für die Touristen) von Mönchen geknüpft werden, dessen bin ich mir nicht sicher.

Erwähnenswert ist noch der alte Brunnen vor dem Museum, dessen (alt)griechische Inschrift NIYON ANOMIMATA MI MONAN OYIN ein Palindrom ist, man kann sie auch von hinten nach vorne lesen. Ein alter orthodoxer Glaubensspruch, der so viel heißt wie: Reinige deine Seele und nicht nur dein Äußeres.

Nach der Besichtigung des Klosters fahren wir wieder zurück, vorbei am alten Kloster, biegen an der ersten Straßengabelung links ab Richtung **Plakiás** und fahren durch **Lefkógia**.

Wer möchte, kann ca. eineinhalb Kilometer hinter **Lefkógia** einen kleinen Abstecher links nach **Damnóni** machen, aber dieser Ort besteht nur aus ein paar Tavernen und Hotels, darunter auch eine riesige Hapimag-Anlage (zehnmal so viele Häuser wie der übrige Ort). Für eine Weile ist es ganz nett dort, aber gesehen haben muss man es nicht unbedingt.

Wir folgen weiter der Straße Richtung **Plakiás** (an der Shell-Tankstelle auf die Beschilderung achten).

Die Bucht von Plakiás gilt nicht ohne Grund als eine der schönsten auf der ganzen Insel: fast kreisrund, fast nur Sandstrand, und dahinter erst sanft, dann steil ansteigende Berge – eine einmalige Kulisse für die Badegäste, wie man sie im Norden der Insel so nicht findet.

Vor Jahren war Plakiás noch Geheimtipp, ein kleines Dorf an einem herrlichen Sandstrand, ohne großartige touristische Infrastruktur. Hier trafen sich die Rucksäckler, die sich auskannten.

Aber mit jedem weitergegebenen Tipp wurde es natürlich immer weniger geheim, und so sind die ruhigen Zeiten längst vorbei. Plakiás hat erkannt, was Plakiás braucht: Aus den ursprünglich zwei Tavernen sind inzwischen weit mehr als zwanzig geworden, Hotels gibt es mehrere, doch zum Glück ist das Umland weitläufig genug, um keine

Platzangst (wie z. B. in Mátala) aufkommen zu lassen. Leider stehen auch hier wie überall, wo ein Ende des Bau-Booms nicht abzusehen ist, diese hässlichen halbfertigen Betonskelette herum.
Trotzdem ist Plakiás ein Ort, der den Besuch immer und immer wieder lohnt, wovon die große Zahl von Stammgästen zeugt. Störend, wie an anderen Südküstenorten auch, ist hier nur der immer wieder heftig blasende Wind – aber man kann ja nicht alles haben. Dem Wind von Plakiás sagt man allerdings eine besondere Qualität nach.

Von **Plakiás** aus fahren wir wieder zurück bis zur ersten Straßengabelung und dort links den Berg hinauf und oben am T-Stück rechts. Durch **Marioú** fahren wir weiter nach **Asómatos**.

Unbedingt sehenswert ist hier das Museum Papa Michális Georgoulákis in der Dorfmitte, im Haus des Popen. Der Pope hat so einiges an zeitgeschichtlichen Alltagsgegenständen, Plakaten und Dokumenten zusammengetragen, die in uriger Atmosphäre präsentiert werden. Der Innenhof des Hauses ist unwahrscheinlich gemütlich, und ein Glas Rakí bekommt man auch. Dem Museum ist ein Souvenirladen der besseren Art angeschlossen, wo man handgearbeiteten Schmuck oder Keramik erstehen kann.

Am 4. Oktober 2008 ist Papa Michális Georgoulákis im Alter von 87 Jahren gestorben. Sohn und Schwiegertochter bewahren sein Andenken und führen das Museum weiter.

Wir verlassen **Asómatos** Richtung Osten auf der Hauptstraße, die nach einigen hundert Metern nach links abknickt und uns in die **Kourtaliótiko-Schlucht** hineinführt.

Es gibt nicht viele Schluchten auf Kreta, die man bequem mit dem Auto durchfahren kann und die dennoch beeindruckend sind. Hier lohnt es sich, an einem der Parkplätze mit Aussichtspunkt mal anzuhalten und den Blick in die Schlucht zu genießen.
In der Kourtaliótiko-Schlucht liegen die Quellen des Megalopotamós. Irgendwann gibt es auf der Schluchtseite statt der Leitplanke ein Natursteinmäuerchen (es gibt inzwischen auch eine Beschilderung zur Kirche Ágios Nikólaos). Hier sollte man parken (auch wenn der Parkplatz nur schmal ist) und die Treppe hinunter steigen, die sich auf halber Höhe etwa gabelt. Rechts geht es in die Schlucht hinunter, von wo aus man in die Klamm hineinschauen kann, in der sich die Quellen des Megalopotamós schon zum Fluss vereinigt haben.

Links geht es zum Kirchlein des Ágios Nikólaos, ein kleines weißes Gebäude mit einem winzigen Turm und freihängender Glocke.
Auf dem Pfad rechts der Kirche hört man es schon aus der Entfernung rauschen. Rechts des Pfades tut sich eine steile Klamm auf, wo unzählige kräftige Quellen entspringen und in die Tiefe stürzen. Unten treten sie dann als Fluss aus der Klamm heraus, was von hier oben gut zu erkennen ist. Vorsicht beim Herumklettern, denn es ist hier feucht und rutschig. Von der kleinen Aussichtsterrasse aus kann man das alles auch gut sehen. Ein Platz zum Sitzen und Träumen, sehr ruhig, und wesentlich beeindruckender als die berühmteren Wasserfälle von Argyroúpolis.

Wir fahren nach Norden weiter, aus der Schlucht hinaus, und erreichen kurz hinter dem Dorf **Koxaré** die neue Straße von **Réthymnon** nach **Agía Galíni**, der wir nun nach rechts folgen. Wir durchfahren die Dörfer **Mixórrouma** und **Darivianá** und kommen nach **Spíli**.

Spíli verfügt über einen großen Wasserreichtum, was nicht nur die 25 Löwenköpfe des Dorfbrunnens beweisen, die selbst im heißesten Sommer dicke Wasserstrahlen speien, man erkennt es auch an der grünüppigen Vegetation in und um den Ort.
Spíli ist Bischofssitz und hat ein großes Priesterseminar. Wohl deshalb ist Spíli eine Stadt und kein Dorf (es gibt Dörfer auf Kreta, die größer sind).
Am Brunnen kann man sehr schön eine kleine Rast einlegen. Es gibt einen großen öffentlichen Parkplatz hier; das Parken auf der Durchgangstraße ist offiziell verboten – ich betone: offiziell. Vor dem Brunnen biegen wir rechts von der Durchgangsstraße ab und fahren auf dem Parkplatz bis ganz hinten durch. Von dem Treppchen am linken hinteren Ende aus führt eine kurze, schmale Gasse direkt zum Brunnen.

Die übrige Strecke braucht eigentlich nicht mehr beschrieben zu werden. Wir folgen einfach der neuen Straße weiter nach Süden, biegen direkt vor **Agía Galini** rechts ab und sind wieder zu Hause.

Tour 13 – Zu Seen und Klöstern

Die relativ kurze Tour ist besonders für kulturell Interessierte attraktiv.

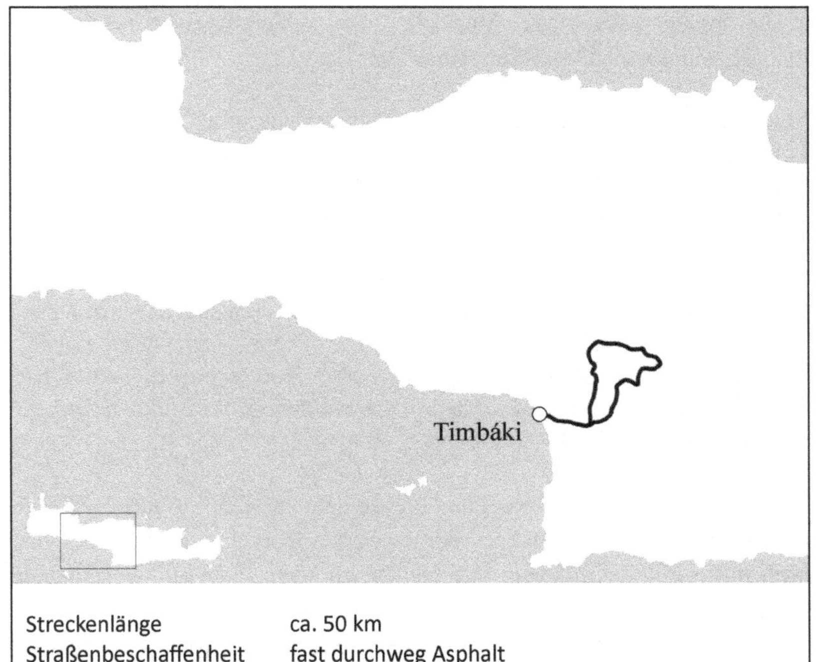

Streckenlänge	ca. 50 km
Straßenbeschaffenheit	fast durchweg Asphalt
Schwierigkeitsgrad	Normal-Pkw
Begeisterungsfaktor	Kreta-üblich

Streckenverlauf: Timbáki – Vóri – Faneroméni – Zarós – Klöster Ágios Nikólaos – Vrontisíou – Varsamónero – Kamáres – Grigoriá – Magarikári – Kalochorafítis – Vóri – Timbáki

Alternative Startorte: Von allen Urlaubsorten in der westlichen **Messará-Ebene** (wie **Mátala**, **Pitsídia**, **Kamilári**, **Kalamáki**, **Sívas**): Zuerst nach **Vóri** fahren und von da aus zurück (insgesamt ein Plus von bis zu 30 Kilometer). Von **Agía Galíni** plus Fahrt nach/von **Timbáki** – Mehrstrecke ebenfalls etwa 30 Kilometer.

Wir verlassen **Timbáki** auf der Hauptstraße Richtung **Iráklion** und biegen nach etwa drei Kilometern in der ersten schärferen Rechtskurve der Hauptstraße links/geradeaus nach **Vóri** ab. Dort biegen wir etwa in Ortsmitte links ab zum kleinen Volkskundemuseum.

Es ist werktags von 10.00 bis 18.00 Uhr geöffnet.
Hier sind Gegenstände des ländlichen Lebens zu sehen, wie sie in dieser Form heute kaum noch oder gar nicht mehr benutzt werden, z. B. Fischfangutensilien, Pflüge, Dreschflegel, Hacken, Beile, eine große Auswahl an gewebten Teppichen und der dazugehörige Webstuhl, Krüge, Pithoi (große Tonkrüge, die zum Aufbewahren von Getreide u. Ä. dienten), Sättel, Körbe, Werkzeug aller Art, altes Geld, Gewichte und anderes mehr.
Es fehlen natürlich auch Waffen nicht, ebenso wenig Musikinstrumente wie Lyra und Laouto, Flöte und Símandra (Eisen, wie sie z. B. in Klöstern geschlagen wurden, um zu wecken oder zum Essen zu rufen).

Wir fahren am Museum vorbei und biegen dann am Dorfausgang rechts ab nach **Faneroméni**. Dort fahren wir durch das Dorf, bis die Straße scharf nach rechts abknickt. Genau hier biegen wir links ab in eine ansteigende Seitengasse, von der aus wir einige hundert Meter weiter rechts auf eine Schotterstraße abbiegen. Hier wird öfter gebaut, es kann also sein, dass sie irgendwann einmal asphaltiert wird. Problemlos zu fahren ist sie auch jetzt.

Nach drei bis vier Kilometern taucht vor uns die Staumauer des **Faneroméni-Stausees** auf. Ab hier ist die Straße asphaltiert und führt hinauf auf die Staumauer. Wer Lust dazu hat und/oder Fotos machen will, kann über die Staumauer auf die andere Seite fahren.

Für die Weiterfahrt bleiben wir aber auf dieser Seite des Sees und folgen der Straße am Ufer entlang bis zu einem T-Stück. Links geht es auf Asphalt weiter nach **Skoúrvoula**, doch wir fahren rechts auf Schotter Richtung **Laloumás** weiter.

Auf den folgenden Kilometern gibt es mehrere Straßengabelungen, die meisten unbeschildert. Hier gilt die Faustregel: immer die rechte Möglichkeit wählen. Die Straße führt durch ein enges Tal und weist ein paar tückische Bodenwellen auf, also fahren wir besser langsam.

Nach einer weiteren Gabelung (wir erinnern uns: rechts!) steigt die Straße stetig mehr oder minder steil an, bis zu den ersten Häuser von **Zarós**.

Wir folgen der Straße bis zu einer großen Kreuzung, an der wir nach links ins Dorf hinein fahren.

Optionaler kleiner Abstecher
Wir fahren an dieser Kreuzung nicht links, sondern geradeaus Richtung Nívritos. Schon nach ca. einem Kilometer führt die Straße rechts um einen steilen Hügel herum, auf dem das Kirchlein des Propheten Ilías steht (die meisten Kirchlein auf Bergen sind ihm geweiht). Hinter dem Hügel führt links in spitzem Winkel ein steiler Fahrweg hinauf.
Ich empfehle aus zwei Gründen, das kurze Stück zu Fuß zu laufen, statt zu fahren: Erstens kann man die Stationen des Kalvarienberges mit mehr Muße betrachten und zweitens ist oben Platz zum Wenden zwar vorhanden, aber es ist eng. Zwischen der vorletzten und der letzten Station des Kreuzwegs steht ein Stromzähler, der so gar nicht hierher passen will. Das Kirchlein mit separatem Glockenturm ist proper, und außerdem hat man von ihm aus einen schönen Blick auf Zarós und hinunter aufs Meer.

Wir fahren nach **Zarós** zurück und biegen an der Kreuzung jetzt rechts ab.

Zarós ist ein typisches kretisches Bergdorf, ohne besondere Höhepunkte. Ein Haus ist allerdings interessant, aber nur deshalb, weil es die Werkstatt des über Kreta hinaus bekannten Instrumentenbauers Antónis Stefanákis beherbergt. Eine Besichtigung lohnt auf jeden Fall (auch der Kauf einer Lýra oder eines Baglamás). Die Instrumente von Antónis Stefanákis sind nicht gerade billig, aber allererste Qualität. Der Meister spricht sehr gut und gerne Deutsch, da er lange in Deutschland gelebt und es ihm offensichtlich dort gefallen hat. Die Werkstatt liegt ziemlich weit oben im Dorf, rechts an der Durchgangsstraße, und ist dank des großen blauen Reklameschildes nicht zu übersehen. Der Laden bzw. die Verkaufsausstellung befindet sich weiter unten im Dorf, ebenfalls an der Durchgangsstraße, gegenüber der Apotheke.
Wenige Meter weiter biegt nach rechts (kleines Hinweisschild) die Straße zum Hotel Idi (ca. ein Kilometer) ab (Vorsicht: teilweise sehr eng und unübersichtlich). Vom Hotel ist man vermutlich im ersten Moment etwas überrascht, denn es scheint für einen Ort wie Zarós völlig überdimensioniert. Das praktisch zum Hotel gehörende benachbarte Restaurant Votomos bietet neben üblicher Tavernenküche frische Forellen aus eigener Zucht. Diese Forellenzucht von Zarós ist auf Kreta einzigartig und nur möglich durch den schon erwähnten Wasserreichtum hier. Ob gebraten oder geräuchert, man sollte die Forellen unbedingt probieren.

Fährt man die Straße ganz bis zum Ende hinauf (etwa einen Kilometer), kommt man an einem kleinen (künstlichen) See vorbei zur Taverne Limni. Hier sitzt man am romantischsten, und Forellen, die man sich wirklich nicht entgehen lassen sollte, gibt es hier auch (es soll aber vorkommen, dass die Musikbeschallung zu laut ist). Ein Verdauungsspaziergang rund um den See ist sicherlich nicht das Schlechteste.

Wir fahren wieder zur Hauptstraße hinunter und biegen nach rechts Richtung **Kamáres** auf sie ein. Nach **Kamáres** erreichen wir schon bald die Abzweigung rechts zum **Kloster Ágios Nikólaos**. Wir folgen dem asphaltierten Weg durch Olivenhaine, bis vor uns fast unerwartet eine große hellgraue – also noch nicht geweißte – Kirche auftaucht.

Die Kirche gehört zum Kloster, ist aber seit 2001 im Bau, da immer wieder Verzögerungen durch Geldmangel auftreten. Die Baufahrzeuge vor Ort wirken auch nicht wie aktuell benutzt.

Im Kloster wird gebaut, so lange ich es kenne – es leben hier derzeit noch vierzehn Mönche. Die alte kleine Klosterkirche wirkt eher bescheiden, ist aber reizvoll.

Eine Besonderheit des Klosters ist der Mönch, der immer von irgendwoher auftaucht und die Besucher zu einem Rakí einlädt. Wer ihn davon überzeugen kann, dass er überhaupt keinen Alkohol trinkt, bekommt auch schon mal ein Stück Gebäck gereicht.

So gestärkt fahren wir zurück und biegen rechts auf die Hauptstraße ein, um knapp zwei Kilometer weiter auf die nächste Abzweigung zu einem Kloster zu stoßen: das **Kloster Vrontisíou** (oder komplett: Kloster Agíou Antoníou Vrontisíou). Natürlich biegen wir hier ab und fahren die paar Kurven zum Kloster hinauf.

Direkt vor dem Eingang befindet sich ein prachtvoller venezianischer Brunnen, der irgendwie fehl am Platz zu sein scheint (leider recht beschädigt), die Motive sind biblisch. Unterhalb der Figuren von Adam und Eva fließt das Wasser vier bärtigen Männern aus dem Mund, die je nach Deutung die Quellflüsse im Garten Eden oder die vier Evangelisten verkörpern. Das Wasser ist trinkbar und sehr erfrischend; ein paar Blechbecher stehen am Brunnenrand. Neben dem Brunnen steht eine uralte Platane, deren hohler Stamm locker eine deutsche Durchschnittsfamilie aufnimmt, die der Kreter, der oft vor dem Kloster köstlichen Honig und ebensolchen Raki verkauft, gerne fotografiert.

In der zweischiffigen Klosterkirche gibt es viele Fresken. Die beiden Kirchenschiffe sind auffällig unterschiedlich in der Höhe, das rechte (wenn man davor steht) ist deutlich niedriger als das linke. Die ursprünglich in der Kirche aufbewahrten Ikonen des berühmten kretischen Malers Damaskinós hängen heute in der Kirche Agía Aekateríni in Iráklion. Dennoch gibt es Ikonen in der Klosterkirche, aber die wurden aus der Kirche Ágios Fanoúrios, dem einzigen Überrest des Klosters Varsamónero, hierhergebracht, weil sie dort nicht sicher waren. Bei einem Einbruch in die Kirche von Varsamómero im Jahre 1975 wurde die große Muttergottes-Ikone entwendet.
Besonders schön ist es, das Kloster Vrontisíou zu besichtigen, wenn keine Reisebusse mit Touristen da sind!

Zurück auf der Hauptstraße fahren wir Richtung Westen bis zum Dorf **Vorízia**. Kurz vor dem Ortsende ist links hinunter der Weg zum **Kloster Varsamónero** ausgeschildert (ca. drei Kilometer). Wir folgen ihm vorsichtig durch die enge und teils unübersichtliche Gasse. Kurz hinter dem Dorfende gabelt sie sich, und wir fahren nach links! Es steht dort auch ein kleines Holzschild, das zwar hübsch ist, aber leicht zu übersehen.

Das Interessanteste an der Kirche Ágios Fanoúrios ist sicherlich ihre Architektur, sie entstand nämlich in vier Etappen. Der älteste Teil ist das Nordschiff, das vermutlich 1332 erbaut wurde und der Muttergottes, der Panagía, geweiht war. Etwa 70 Jahre später wurde das Johannes dem Täufer geweihte Südschiff angebaut, das nur ein halbrundes Gewölbe hat und auch etwas schmaler ist als das Nordschiff.
Das Westschiff wurde etwa um 1426 erbaut, und davor steht der noch später erbaute Narthex (altgriech. Kästchen), eine schmale Binnenvorhalle, wie sie in byzantinischen und altchristlichen Kirchen üblich ist.
An den Ikonostasen hängen fast keine Ikonen mehr. Die wertvolleren wurden, wie erwähnt, in die Klosterkirche Vrontisíou gebracht.
Immer noch zu bewundern sind die zahlreichen Fresken, die alle vier Teile der Kirche schmücken.
Leider fällt das Bewundern oft schwer, denn der Zugang ist häufig verwehrt, weil geschlossen. Gerüchteweise soll dienstags bis sonntags von 9.00 bis 15.00 Uhr geöffnet sein, ich würde mich aber nicht darauf verlassen.

Wir kehren zurück nach **Vorízia** und fahren weiter nach Westen, nach **Kamáres** und durch das Dorf hindurch. Im Ort weisen zwar Schilder den

Fußweg zur Kamáreshöhle, aber für einen Besuch fehlt uns heute Motivation und Zeit.

Am Dorfausgang von **Kamáres** folgen wir der Abzweigung links hinunter nach **Grigoría** und weiter Richtung **Margarikári**. Zwischen den beiden Dörfern bewundern wir das heroische Denkmal von Jórgos Petrakogiórgis, einem lokalen Widerstandskämpfer gegen die deutsche Besetzung im 2. Weltkrieg.

Übrigens sei hier daran erinnert: dass wir durch kretische Dörfer langsam und vorsichtig hindurch fahren. Sie sind nicht für regen Autoverkehr gemacht, auch wenn die Kreter mehrheitlich schon lange vom Esel auf das Auto umgestiegen sind. Also seien wir nicht enttäuscht, dass wir nicht mehr viele sehen … ich meine Esel!

Und weiter geht es bergab in die **Messará-Ebene**. Etwa auf halber Strecke nach **Kalochorafítis** stehen rechts der Straße zwei hübsche Zwillingskirchlein. Von ihnen aus bieten sich die vorgelagerten **Paximádia-Inselchen** mal aus einem anderen Blickwinkel dar.

Wir fahren durch **Kalochorafítis** und hinunter nach **Vóri**. Wer von Klöstern noch nicht genug hat, kann nach zwei Spitzkehren bei einem kleinen blauen Ikonostássi (Puppenkirchlein) links abbiegen auf eine mit Vorsicht zu befahrende Piste und die etwa 500 Meter zum **Kloster Kardiótissas** fahren. Das Kloster ist allerdings verlassen und ziemlich verfallen. Nur die zweischiffige Kirche mit den alten Fresken ist einigermaßen erhalten.

Wir kommen in **Vóri** dort wieder hinein, wo wir hinausgefahren sind … und nach Hause finden wir nun allein.

Tour 14 – Fruchtbares Land, viel Wasser und eine Schlucht

Kretas landschaftliche Vielfalt in ganzer Pracht. Die Tourlänge ist variabel, denn man kann den Teil in Klammern auslassen. Doch verpasst man dann einiges ...

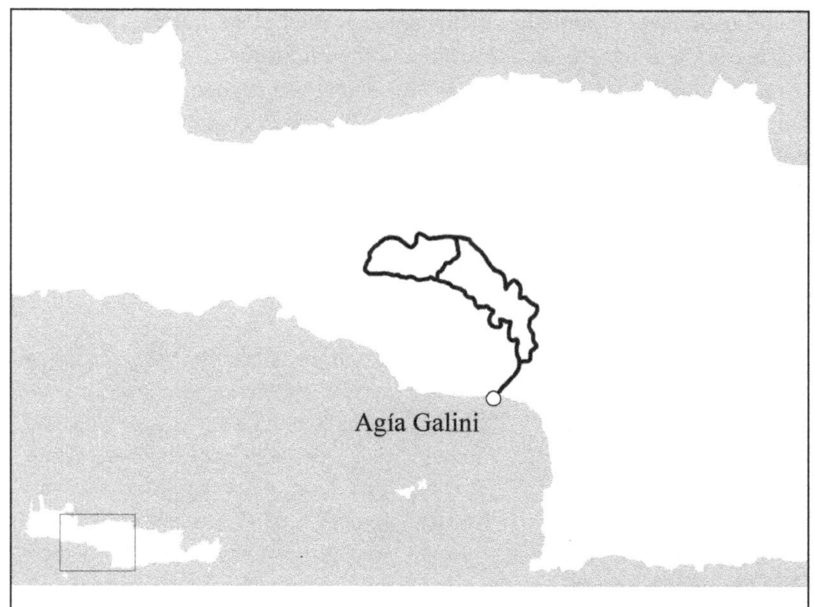

Streckenlänge	ca. 75 bis 110 km
Straßenbeschaffenheit	durchweg Asphalt
Schwierigkeitsgrad	Normal-Pkw
Begeisterungsfaktor	Kreta-üblich

Streckenverlauf: Agía Galini – Mándres – Apodoúlou – Fourfourás – Vizári – Agía Fotiní – Apóstoli – (Amári-Stausee – Agios Antónios Schlucht – Karínes – Lambiní – Mixórrouma – Spíli) – Gerakári – Vryses – Áno Méros – Agía Paraskeví – Mandres – Agía Galíni

Alternative Startorte: Alle Orte östlich von **Agía Galíni** wie **Mátala**, **Kalamáki/ Kamilári**, **Pitsídia** oder **Sívas** (dann kommt eben die Zu- bzw. Rückfahrt nach/ von **Mántres** hinzu – bis zu ca. 30 Mehrkilometer), andererseits kann man z. B. die Strecke auch in **Spíli** beginnen und muss dann beim Lesen nur die Reihenfolge etwas verändern.

Wir verlassen **Agía Galíni** Richtung **Timbáki**. Hinter der schmalen Flussbrücke und der Shell-Tankstelle auf der linken Seite windet sich die Straße in einigen scharfen Kurven den Berg hinauf. Auf der Höhe erreichen wir die Ansiedlung **Mántres**, die eigentlich nur aus zwei Tavernen besteht.

Hier biegen wir links ab auf die alte Straße nach **Réthymnon**. Schon nach knapp zwei Kilometern gabelt sie sich (hier steht mal ein Schild und mal keins), und wir folgen der rechten breiteren Straße, die weiter kommod bergauf führt. Auf diesem Teil der Tour haben wir immer wieder Gelegenheit für einen Blick auf das sehr grüne und agrarisch genutze **Amáribecken** linkerhand und das dahinter aufragende **Kédros-Massiv**. Vor dem nächsten Dorf steht direkt links an der Straße eine recht neue Kirche, die sich von anderen Kirchen ziemlich unterscheidet: Sie ist kreisrund!

Dann kommen wir nach **Apodoúlou**, wo es für uns etwas zu besichtigen gibt.

Kurz oberhalb der Ortsmitte weisen zwei braune Schilder darauf hin: auf die byzantinische Kirche Ágios Geórgios und auf die Ausgrabungen einer spätminoischen Siedlung. Die Zufahrtsstraße ist schmal, teilweise steil, aber asphaltiert und auch weiter gut ausgeschildert. Nach etwa eineinhalb Kilometern biegt der Weg zur Kirche rechts ab (er ist nicht asphaltiert, aber bis auf letzten 30 Meter problemlos befahrbar).

Die Kirche aus dem 13. Jahrhundert ist schon etwas verfallen, die wenigen hier verbliebenen Fresken sind nicht besonders gut erhalten (die anderen kann man im Archäologischen Museum in Iráklion besichtigen).

Auf dem asphaltierten Hauptweg fahren wir rechts zur Ausgrabungsstätte der minoischen Siedlung, die in der Regel verschlossen ist. Wenn man vor dem Wächterhäuschen links den Zaun entlang geht, kann man gut hineinschauen (und man sieht nicht weniger als drinnen).

Die Siedlung, die etwa aus dem Jahre 1350 v. Chr. stammt, wurde 1934 von Professor Marinatos entdeckt. Man kann eine solche kleine Ausgrabung natürlich nicht mit Knossós oder Festós vergleichen oder mit der antiken Stadt Gourniá, aber hier hat man den Vorteil, meist ganz alleine zu sein und sich in Ruhe umschauen zu können. Und natürlich auch in der reizvollen Umgebung.

Zurück im Dorf biegen wir wieder links auf die Durchgangsstraße ein und fahren über **Níthavris**, **Kouroútes**, **Fourfourás** und **Vizári** nach Norden. Unterhalb von **Vizári** liegt ein kleiner eingezäunter Stausee, eher ein Wasserspeicher (wir werden heute noch einen imposanteren See zu sehen bekommen).

Vorbei am **Kloster Asomáton** (heute eine Landwirtschaftsschule, Mönche gibt es keine mehr, und die Besichtigung ist nicht lohnenswert) und **Thrónos** erreichen wir **Apóstoli**. Hier gabelt sich die Straße, wir halten uns rechts Richtung **Réthymnon**.

Nun geht es kurvenreich bergab, denn bei **Apóstoli** endet das Amáribecken und die Wasserscheide haben wir hinter uns. Die Straße wurde in den letzten Jahren sehr gut ausgebaut, wodurch die Kurven an Schrecken verloren haben; die Strecke ist aber nicht mehr so romantisch wie vordem.

Knapp zehn Kilometer hinter **Apóstoli** liegt ein großer See vor uns, aber auch kein natürlicher. Der **Amári-Stausee** (auch See von Potamón genannt) gehört zu den großen Stauseeprojekten des letzten Jahrzehnts auf Kreta.

Wir fahren rechts um den ausgedehnten See herum, am nördlichen Ende über die Staumauer und auf der anderen Seite wieder nach Süden. An einer Straßengabelung halten wir uns rechts und fahren nun auf einer geradezu futuristisch ausgebauten Straße wieder in die Berge. Nach einigen Kilometern müssen wir aufpassen, dass wir nicht die kleine Kreuzung übersehen, an der Schilder links zur **Schlucht des Ágios Antónios** und rechts nach **Pátsos** und **Karínes** weisen. Wir fahren erst einmal links und erreichen nach etwa eineinhalb Kilometern die große Ausflugstaverne am Beginn der Schlucht.

Wir parken direkt hinter der Taverne und in Verlängerung der Straße laufen wir …

… an einem kühlen Bach entlang, der bis August und schon wieder im Herbst Wasser führen soll. Nach kurzem Marsch erreichen wir rechts oberhalb des Weges die in den Felsen gebaute Kapelle des Ágios Antónios, nach dem die Schlucht benannt ist. Hier haben orthodoxe Gläubige eine Vielzahl von Votivgaben hinterlassen.

Unterhalb der Kapelle gibt es einen geräumigen Grillplatz. Diesen Spaziergang sollte man nicht an einem Sonntag unternehmen, denn dann wandern einheimische Großfamilien mit Sack und Pack gerade mal bis zum Grillplatz und sorgen auf dem schmalen Pfad für Stau.

Einige Meter hinter der Kapelle kann man rechts zu einem Aussichtspunkt emporsteigen. Gutes Schuhwerk ist empfehlenswert, denn der Pfad ist an einigen Stellen von rutschigem Geröll übersät.

Unten folgt der Weg dem Bachlauf in die Schlucht, bis er an einer Engstelle und einer Holzbrücke endet. Man könnte zwar im Bachbett noch ein Stück weiterlaufen, aber das ist nicht nur beschwerlich, sondern gar nicht möglich, wenn der Bach Wasser führt. Ich habe gelesen (und so steht es auch auf einigen Schildern), dass die Schlucht ganz durchquert werden kann, aber das ersparen wir uns!

Von der Taverne aus fahren wir wieder zurück zur Hauptstraße, die wir überqueren und geradeaus Richtung **Pátsos** fahren. An der nächsten Abzweigung biegen wir rechts nach **Karínes** ab (die Straße ist auf einigen Karten als nicht asphaltiert eingezeichnet, sie ist es aber). Die Strecke ist kurvenreich, aber bequem zu fahren.

Hinter **Karínes** geht es noch ein gutes Stück bergauf, dann überqueren wir einen kleinen Sattel, und nun geht es ebenso kräftig wieder hinunter, über **Lambiní** nach **Mixórrouma**. Hier treffen wir auf die neue Straße von **Réthymnon** nach **Spíli** und **Agía Galíni**, auf die wir links abbiegen und nach gut drei Kilometern **Spíli** erreichen.

Spíli verfügt über einen großen Wasserreichtum, was nicht nur die 25 Löwenköpfe des Dorfbrunnens beweisen, die selbst im heißesten Sommer dicke Wasserstrahlen speien, auch erkennt man es an der grünüppigen Vegetation in und um den Ort.
Spíli ist Bischofssitz und hat ein großes Priesterseminar. Wohl deshalb ist Spíli eine Stadt und kein Dorf (es gibt Dörfer auf Kreta, die größer sind). Am Brunnen kann man sehr schön eine kleine Rast einlegen. Es gibt einen großen öffentlichen Parkplatz hier; das Parken auf der Durchgangstraße ist offiziell verboten – ich betone: offiziell. Vor dem Brunnen biegen wir rechts von der Durchgangsstraße ab und fahren auf dem Parkplatz bis ganz hinten durch. Von dem Treppchen am linken hinteren Ende aus führt eine schmale Gasse direkt zum Brunnen.

Die übrige Strecke braucht eigentlich nicht mehr beschrieben zu werden. Wir folgen einfach der neuen Straße weiter nach Süden, biegen direkt vor **Agía Galini** rechts ab und sind wieder zu Hause.

Tour 15 – Auf Schotter durch die Asteroússia-Berge 1

Für diese Tour gilt: Vorsicht und Erfahrung mit schlechten Straßen ist Voraussetzung dafür, sie mit Normal-Pkw fahren zu können. Ein Fahrzeug mit Allradantrieb wäre die bessere Wahl. Fahranfänger oder nicht ganz sichere Fahrer sollten auf die Tour verzichten (wie andernorts schon betont: Ich übernehme keine Verantwortung!).

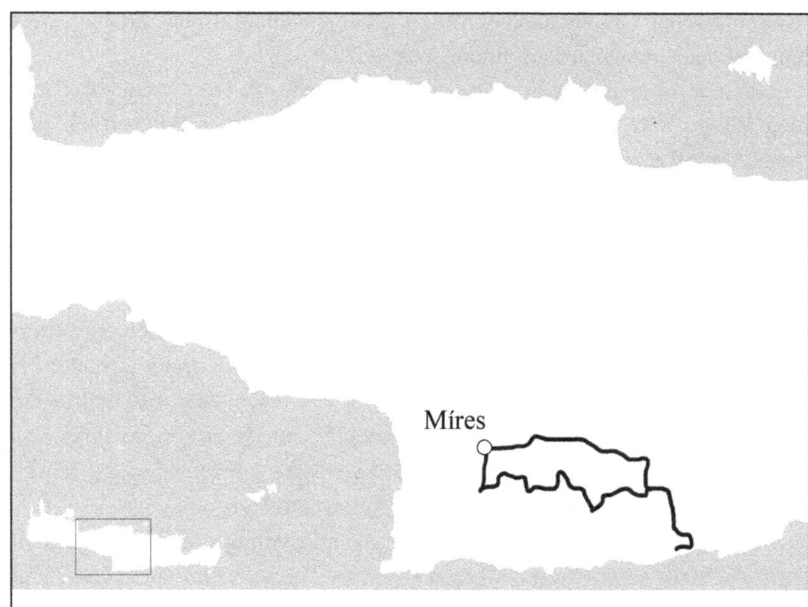

Streckenlänge	ca. 150 km
Straßenbeschaffenheit	etwa zur Hälfte Schotterstraße
Schwierigkeitsgrad	Normal-Pkw für routinierte Fahrer, besser Pkw mit Allradantrieb
Begeisterungsfaktor	erhöht bis heftig
Höhenangstgefahr	zwischen Stérnes/Kloster Koudourná und Paránymfi/Tris Ekklisiés

Streckenverlauf: Míres – Pómbia – Plátanos – Vagioniá – Loúkia – Stávies – Stérnes – Kloster Koudoumá – Stérnes – Chárakas – Paránymfi – Tris Ekklisiés – Chárakas – Asími – Stóli – Ágii Déka – Míres

Alternative Startorte: Alle Urlaubsorte in der westlichen Messará-Ebene (wie **Mátala**, **Pitsídia**, **Kamilári**, **Kalamáki**, **Sívas**): Mehrstrecke nach/von **Míres** bis zu 30 Kilometer. Von **Agía Galíni** nach/von **Míres** insgesamt etwa 50 Mehrkilometer.

Wir nehmen in **Míres** die nach **Pómbia** und **Kalí Liménes** ausgeschilderte Straße nach Süden, die anfangs fast schnurgerade durch die agrarisch stark genutzte **Messará-Ebene** führt.

In **Pómbia** biegen wir links ab und folgen der Ausschilderung nach **Alithiní** und **Péri**. Kurz hinter **Péri** halten wir uns rechts und fahren nach **Plátanos**. Am dortigen Ortseingang ist rechts der Weg zu einer Ausgrabung frühminoischer Gräber ausgeschildert (aber nur einmal und nur hier, deshalb habe ich sie auch nicht finden können).

Wir ignorieren das Schild also und biegen erst im Dorf rechts ab Richtung **Plóra**. Von dort aus geht es geradeaus weiter nach **Apesokári**. Wer meint, die Strecke sei langweilig, weil sie nur durch Olivenhaine und durch Felder führt, der möge sich etwas gedulden: Das ist erst die Ouvertüre, die große Oper kommt noch!

Jetzt heißt es kurz aufpassen, denn die Beschilderung verwirrt mehr als sie hilft: Zwischen **Flathiákes** und **Vasiliká Anógia** müssen wir links Richtung **Iráklion** abbiegen, auch wenn wir uns dabei von den Bergen entfernen, in die wir eigentlich wollen. Doch es sind nur etwa drei Kilometer bis zu dem T-Stück auf freier Strecke, wo wir rechts nach **Vagioniá** einbiegen. Dort halten wir uns an einer Straßengabelung in der Dorfmitte links und fahren nach **Loúkia**. Hinter der hübschen Kirche am Ortseingang fahren wir dann wieder links (Ausschilderung **Asími** und **Pýrgos**).

Über **Stávies**, **Dionýsi** und **Panagía** (wir erinnern uns, dass gelegentlich Dorfdurchfahrten eng und unübersichtlich sind) erreichen wir **Stérnes**, und jetzt wird es allmählich ernst.

Ziemlich weit drinnen im Ort folgen wir rechts der Beschilderung zum **Kloster Koudoumá** (es kommen noch mehrere kleinere Schilder). Am Ortsausgang von **Stérnes** ist dann Schluss mit Asphalt, und wir schrauben uns mit der Schotterstraße hinauf in die **Asteroússia-Berge**. Der Blick zurück über die weite **Messará-Ebene** bis zum **Ida-Massiv** erfolgt nicht im Zorn, sondern in Bewunderung.

Unterwegs begegnen uns Ziegen und Schafherden und vielleicht auch mal ein Einheimischer im Pick-Up.

Die Strecke zieht sich gewaltig, denn wir sind nur noch langsam und vorsichtig unterwegs. Die atemberaubende Landschaft ist der Lohn, vor allem wenn sich die Straße in engen Serpentinen zum Meer hinsenkt. Knorrige und gebeugte Bäume an der Straße legen Zeugnis ab von dem unerbittlichen Wind, der hier gerne weht. Nach einer ganzen Weile sehen wir dann tief unten das mit roten Ziegeln gedeckte **Kloster Koudoumá** liegen, dem wir nun von Serpentine zu Serpentine näher kommen. Besonders schwierige Stellen merken wir uns gut, denn nachher geht es hier wieder hinauf!

Das Kloster Koudoumá liegt inmitten von Zwergeichen, Kiefern und Zypressen direkt am Meer (einen schönen Badestrand gibt es auch). Im Kloster wird wie vielerorts in Griechenland der 15. August (Tis Panagías – Mariä Himmelfahrt) feierlich begangen. An diesem Tag ist hier also viel los und mit entsprechendem Verkehr auf der Straße zu rechnen. Das Kloster ist allerdings oft geschlossen, aber ein Spaziergang drumherum oder ein Bad im Meer lohnt den Weg.

Wir fahren nun die selbe Strecke (eine andere gibt es nicht) zurück nach **Stérnes**. Wer genug hat von staubigen Schotterpisten, kann die Tour hier abbrechen und nach Norden bis **Asími** fahren, hier dann links und über **Loúres**, **Stóli**, **Gangáles** und **Ágii Déka** zurück nach **Míres**.

Wir aber haben noch längst nicht genug und biegen deshalb in **Stérnes** rechts ab und fahren auf der Hauptstraße über **Agía Fotiá** bis zum Landstädtchen **Chárakas**. Dort biegen wir gleich rechts ab und folgen der Straße Richtung **Paránymfi** und **Trís Ekklisiés**.

Diese Straße ist bis **Paránymfi** gut ausgebaut und asphaltiert. Im Dorf gibt es nichts zu sehen, deshalb biegen wir schon kurz vor (!) dem Dorfeingang links hinunter ab (ausgeschildert nach **Tris Ekklisiés**). Und hier ist es dann mit Asphalt zu Ende. Kurz nach dem Friedhof, der wie üblich außerhalb liegt, damit die Toten nicht die Lebenden (und umgekehrt) stören, sehen wir ein kleines Schild, das nach rechts zum Katarráktis bzw. Water Fall weist. Ein Wasserfall in der Einöde? Jawohl, und dann noch einer der beiden, die jeder für sich beanspruchen, der höchste von Kreta zu sein!

Also biegen wir rechts ein, halten uns einige Meter rechts und fahren auf der Betonpiste um den Hügel herum bis zu einem Gattertor quer über der Straße. Hier lassen wir das Auto stehen, gehen durch das Tor (bitte wieder sorgfältig schließen, es soll die allgegenwärtigen Ziegen und Schafe vom Flüchten abhalten) und noch etwa 200 Meter weiter.

Wir hören es zwar rauschen, stehen aber vor einem kahlen und völlig trockenen Felsen. Wagemutige Schweizer sind vor meinen Augen diesen Felsen hochgestiegen. Es stimmt schon, es gibt hier einen Wasserfall, aber auf der Rückseite, und dort geht es einige hundert Me-

ter senkrecht in die Tiefe!!! Davon können wir uns mit eigenen Augen überzeugen, wenn wir in Verlängerung des hier endenden Fahrwegs links am Hang entlang gehen (ein geröllhaltiger schmaler Fußpfad). Bitte aufpassen, denn wer hier ausrutscht und sich auf dem nur zu Beginn leicht abfallenden Abhang nicht halten kann, braucht sich um den Rückflug keine Gedanken mehr zu machen. Er fliegt hier im freien Fall senkrecht nach unten!
Jetzt können wir den Wasserfall nicht nur hören, sondern auch sehen. Er ist sehr hoch, aber nicht besonders breit. Wer etwas à la Niagara erwartet hat, wird enttäuscht sein, wer aber einen Wasserfall hier in der Einöde überhaupt nicht vermutet ... dem ist er sicher imposant genug. Wie tief er genau fällt, kann ich nicht sagen, bis ganz an die Kante des Felsabsturzes habe ich mich nicht gewagt, denn es gibt keinerlei Absicherung!!! Also gehen wir lieber langsam und vorsichtig zurück zum Fahrweg und zum Auto. Ganz unten am Meer sehen wir von dort das malerische Tris Ekklisiés liegen.

Zurück auf der Straße halten wir uns rechts, fahren zuerst über eine kleine Ebene und dann auf ebenso eindrucksvoller Strecke wie zum **Kloster Koudoumá** ganz hinunter ans Meer.

Tris Ekklisies, in einer grobkiesligen Badebucht gelegen, verdankt seinen Namen den drei Kirchen in der Umgebung. Der Ort ist hübsch herausgeputzt, der Strand noch wenig besucht. Ob Zimmer zum Übernachten angeboten werden, weiß ich nicht, denn es gibt nur ein paar wenige ständig hier Ansässige. In der Hauptsache besteht Tris Ekklisiés aus Ferien- bzw. Wochendendhäusern, die Städtern von der Insel und vom Festland gehören. Die zwei Tavernen und der kleine Supermarkt sind außerhalb der Saison geschlossen.

Für uns bedeutet das möglicherweise, nicht einmal etwas zum Trinken kaufen zu können. Immerhin sind Meer und Strand das ganze Jahr über anwesend!

Wir fahren zurück nach **Chárakas**, von dort geradeaus nach **Asími**, hier links und über **Loúres**, **Stóli**, **Gangáles** und **Ágii Déka** zurück nach **Míres**.

Tour 16 – Auf Schotter durch die Asteroússia-Berge 2

Für diese Tour gilt: Vorsicht und Erfahrung mit schlechten Straßen ist Voraussetzung dafür, sie mit Normal-Pkw fahren zu können. Ein Fahrzeug mit Allradantrieb wäre die bessere Wahl. Fahranfänger oder nicht ganz sichere Fahrer sollten auf die Tour verzichten (wie andernorts schon betont: Ich übernehme keine Verantwortung!).

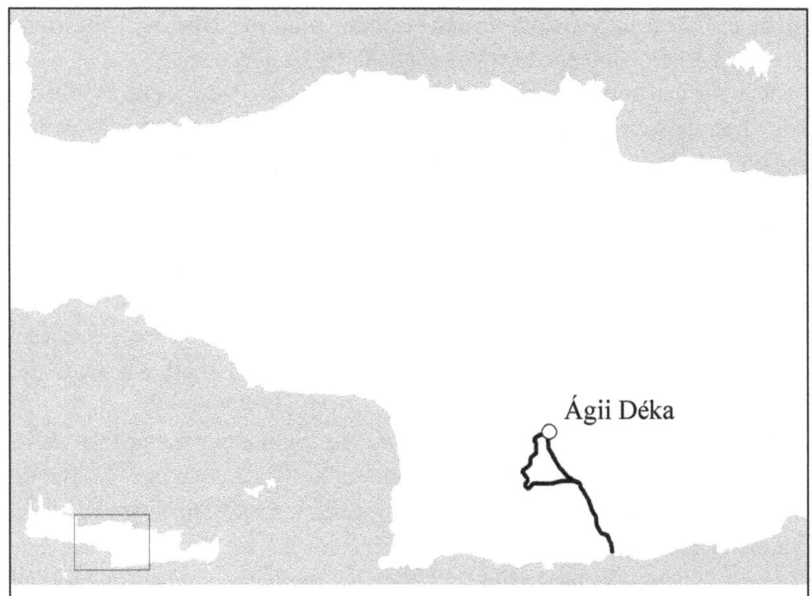

Streckenlänge	ca. 80 km
Straßenbeschaffenheit	etwa zur Hälfte Schotterstraße
Schwierigkeitsgrad	Normal-Pkw für routinierte Fahrer, besser Pkw mit Allradantrieb
Begeisterungsfaktor	erhöht
Höhenangstgefahr	zwischen Loúkia/Ágios Ioánnis

Streckenverlauf: Ágii Déka – Vagioniá – Loúkia – Kapetanianá – Ágios Ioánnis – Loúkia – Vagioniá – Flathiákes – Plóra – Plátanos – Mitrópoli – Górtys – Ágii Déka

Alternative Startorte: Alle Urlaubsorte in der westlichen **Messará-Ebene** (wie **Mátala**, **Pitsídia**, **Kamilári**, **Kalamáki**, **Sívas**): Zuerst nach **Ágii Déka** fahren und von da aus zurück (insgesamt eine Mehrstrecke von bis zu 45 Kilometer). Von **Agía Galíni** An- und Rückfahrt nach/von **Ágii Déka** etwa 85 Mehrkilometer.

Wir verlassen die Hauptstraße von **Ágii Déka** entweder in der Dorfmitte oder kurz vor dem Dorfende Richtung **Iráklion** südlich nach **Vagioniá**. Dort halten wir uns an der Straßengabelung am Platz in der Dorfmitte links und fahren weiter nach **Loúkia**. Dort geht es geradeaus durch das Dorf (die letzten Meter schon steil bergauf). Am Ende der Steigung kommt eine scharfe Rechtskurve, dann schlängelt sich die asphaltierte Straße in die Berge hinauf. Fotostopps sind unausweichlich, denn der Blick auf die weite **Messará-Ebene** und das **Ida-Massiv** dahinter ist gewaltig.

Wer Kurven und Serpentinen liebt, ist hier genau richtig, denn es gibt davon überreichlich (bis **Kapetanianá** – ca. 8 km – ist die Straße einwandfrei asphaltiert). Nicht weit von **Kapetanianá** erreichen wir den höchsten Punkt der Strecke und schauen hinunter aufs Libysche Meer. Direkt vor **Kapetanianá** zweigt rechts die Zufahrt zum unteren Dorf (**Káto Kapetanianá**) ab, wir aber bleiben auf der Hauptstrecke und kommen zum oberen Dorf (**Páno Kapetanianá**). Wir versuchen besser gar nicht erst, ins Dorf hinein zu fahren, denn alle Zufahrten enden an einem Parkplatz oder vor Treppenstufen; das ganze Dorf ist Fußgängerzone. Wir halten uns deshalb am Ende der Asphaltstrecke links und fahren so oberhalb am Dorf vorbei.

Ab hier führt nun ein Schotterweg kurvenreich hinunter zum Meer, sämtliche Abzweigungen ignorieren wir; ab und an weist auch mal ein Schild Richtung **Ágios Ioánnis**. Wir folgen immer dem breitesten Weg und sehen Ágios Ioánnis auch schon unten liegen.

Nach vielen Schotterkurven sind wir dann endlich da – nicht vergessen: bei unseren Touren ist der Weg das Ziel.

Ágios Ioánnis ist sicher einer der häufigsten Ortsnamen auf Kreta. Dieses Ágios Ioánnis hat ganze vier ständige Bewohner, aber weitaus mehr Häuser, alles Feriendomizile von Familien aus Athen oder den größeren kretischen Orten. Außerhalb der Schulferien ist hier tote Hose und die zwei, drei Tavernen haben geschlossen. Nur Daskalomanólis, der über achtzigjährige Besitzer des Kafeníos O Aetos (der Adler) hält das ganze Jahr die Stellung und freut sich über Besuch, vor allem außerhalb der Ferien und unter der Woche.

Warum hier auf der Landzunge eine große Ferienanlage im Bau ist, ist nur bedingt nachzuvollziehen, denn die Anfahrt ist doch ziemlich beschwerlich.

Das verlassene **Kloster Ágios Ioánnis** liegt hinter dem Dorf. Wir fahren also geradeaus weiter, bis wir zu einem geschlossenen Tor kommen. Hier wird auf Schildern höflichst ge-

beten, das Tor wieder zu schließen und keine Blumen zu pflücken. Dem folgen wir doch gerne.
Das Kloster ist zur Gänze in den Felsen gebaut, sowohl die ehemaligen Unterkünfte der Mönche als auch die Kirche mit den alten Fresken, die man im Dreivierteldunkel aber nur schwer erkennen kann. Dennoch lohnt sich der Besuch. Das Kloster ist zwar verlassen, wird aber sorgsam gepflegt bzw. restauriert (letzteres noch ziemlich in den Anfängen).

Nach einer Einkehr im Kafenío – doch, das muss sein, und es gibt auch (man mag es nicht glauben) einige einfache aber schmackhafte Speisen – fahren wir wieder die Serpentinen hinauf, zurück nach **Loúkia** und von dort aus nach **Vagioniá** und weiter Richtung **Ágii Déka**.

Etwa zwei Kilometer hinter **Vagioniá** biegen wir links ab Richtung **Flathiákes** und dort rechts nach **Apesokári**, **Plóra** und **Plátanos**. In **Plátanos** biegen wir in der Dorfmitte rechts ab, fahren nach **Choustoulianá**, durchfahren diesen Ort und auch den nächsten, **Mitrópoli**, und kommen bei den Ausgrabungen von **Górtys** auf die Hauptstraße von **Míres** nach **Ágii Déka**.

Górtys war in minoischer Zeit besiedelt, aber noch bedeutungslos. Erst unter den Dorern wurde es zu einem der mächtigeren Stadtstaaten, und die Römer machten es dann zu ihrer Hauptstadt auf Kreta. Der biblischen Überlieferung zufolge war auch der Apostel Paulus in Górtys. Die Christianisierung Kretas nahm hier ihren Ausgang. Einer der ersten Gefolgsleute des Apostels, der Heilige Titus (Ágios Títos), war der erste Bischof von Kreta. Er war übrigens auch der Adressat von Paulus' Titusbrief.
Als die Araber die Insel von Süden her eroberten und Górtys sozusagen auf dem Weg nach Iráklion so nebenbei mitnahmen, verlor die Stadt an Bedeutung.
Die Ausgrabungen liegen rechts und links der Straße, der bekanntere Teil von Ágii Déka aus gesehen rechts. Direkt hinter dem großen Parkplatz (der viel Platz bietet, aber oft von Reisebussen zugeparkt ist) befindet sich das Hauptausgrabungsgelände. Es ist eingezäunt und es kostet Eintritt. An einem kleinen Kiosk am Eingang kann man einen Wegweiser durch das Gelände erstehen.
Gleich links vom Eingang stehen die Überreste der Basilika des Heiligen Titus. Sein Kopf wird heute als Reliquie in der ihm geweihten Ágios-Títos-Kirche in Iráklion aufbewahrt.
Die Basilika von Górtys ist insofern interessant, als sie auf der einen Seite drei Apsiden statt nur einer aufweist (eine dreifache Hauptapsis und zwei kleinere Nebenapsiden – in der linken steht noch ein kleiner Altar mit einigen unechten Ikonen),

aber durch weitere seitliche Apsiden Kreuzform hat. Der Schnittpunkt des Kreuzes war von einer Kuppel überdacht.

Geht man von der Basilika aus nach Norden, also von der Straße weg, überquert man die alte Agorá (den Marktplatz) von Górtys und kommt zum römischen Odeon mit der alten Stadtrechtsinschrift im Hintergrund. Wenn nicht viel los ist und der Wächter Zeit hat, schließt er das halbrunde Gebäude mit der Inschrift auf, ansonsten muss der Blick durch das Gitter auf diese in Stein gemeißelte Inschrift aus dem 5. Jahrhundert vor Christi genügen. Sie ist inzwischen entziffert und enthält Gesetze, u. a. zur Ahndung von Ehebruch. Interessant ist, dass sie geschrieben ist wie ein Ochse pflügt, d. h. die Zeilen laufen abwechselnd von links nach rechts und in Spiegelschrift von rechts nach links.

Westlich vom Odeon liegt das kleine griechische Theater, auf der Anhöhe darüber die alte Akrópolis. Eine Akrópolis (obere Stadt) gibt es nämlich nicht nur in Athen. Hier findet man allerdings nicht mehr allzu viel vor.

Etwas links hinter der Stadtrechtsinschrift steht die Platane, unter der Zeus mit Europa den Mínos gezeugt haben soll. Diese Platane müsste dann älter sein, als es je eine Platane wurde. Beeindruckend ist sie allerdings und der Platz lädt ein, es Zeus nachzutun (so man die entsprechende Begleitung hat), doch der Ort ist heute alles andere als menschenleer! Also vergessen wir das besser.

Außerhalb des eingezäunten Geländes, links am Kiosk vorbei und ein Stück von der Straße entfernt, befindet sich ein kleines Museum, wo ein paar Statuen ausgestellt sind, die hier in Górtys gefunden wurden, außerdem Fotos aus der Zeit der Ausgrabungsarbeiten.

Weitläufiger ist das Ausgrabungsgelände auf der anderen Seite der Straße, jedenfalls mehr zu empfehlen als ein Aufstieg zur Akrópolis. Verstreut in den Olivenhainen liegen kleinere Ausgrabungsstücke. Es könnten viel mehr sein, aber die weitaus meisten Steine der antiken Stadt finden sich heute in Hausmauern in Ágii Déka wieder.

Entweder man folgt dem Pfad nach Süden, der ungefähr am Ortsschild Górtys von der Hauptstraße abzweigt, oder man läuft ein Stückchen in die Straße hinein, die wir hergekommen sind, und wendet sich dann nach links.

Es gibt auf Kreta nur wenige Ausgrabungen, die man in Ruhe und Beschaulichkeit genießen kann.

Von hier aus fahren wir nach **Ágii Déka** (Richtung **Iráklion**) oder zu unserem alternativen Startort.

Tour 17 – Abenteuertour durch die Asteroússia-Berge

Wer nur die mitteleuropäischen Straßen kennt, sollte auf diese Tour verzichten. Über ein Allradfahrzeug zu verfügen ist nicht genug: Fahrzeugbeherrschung und Routine sind obligatorisch. Die Tour ist nichts für Anfänger. Ich bin sie mit einem herkömmlichen Kleinwagen gefahren und werde das sicher nicht wieder tun (mein Beifahrer wird definitiv nicht noch einmal mitfahren).

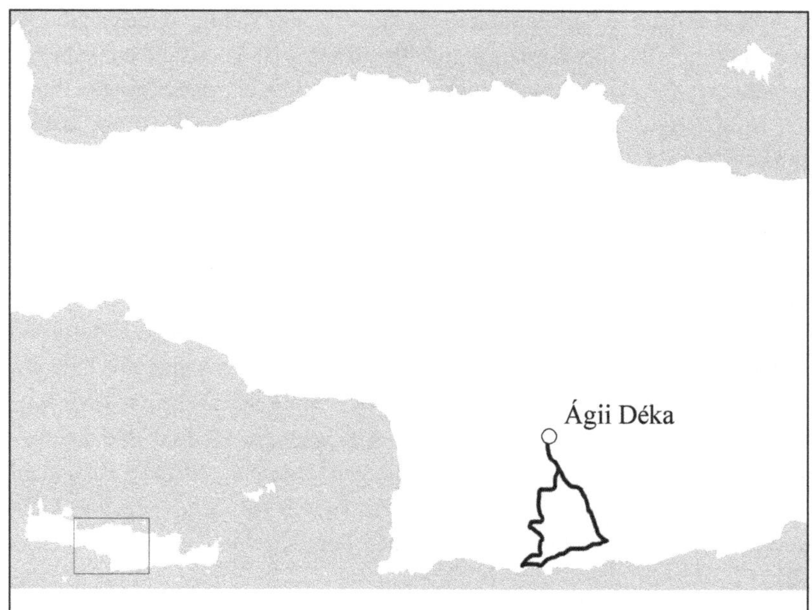

Streckenlänge	ca. 80 km
Straßenbeschaffenheit	etwa zur Hälfte schlechte bis katastrophale Schotterstraße, nur für routinierte (!) Fahrer, Pkw mit Allradantrieb und großer Bodenfreiheit
Begeisterungsfaktor	heftig
Höhenangstgefahr	zwischen Loúkia/Léntas

Streckenverlauf: Ágii Déka – Vagioniá – Loúkia – Kapetanianá – Tripití – Léntas – Miamoú – Apesokári – Flathiákes – Ágii Déka

Alternative Startorte: Alle Urlaubsorte in der westlichen Messará-Ebene (wie **Mátala**, **Pitsídia**, Kamilári, **Kalamáki**, **Sívas**): Zuerst nach **Ágii Déka** fahren und von da aus zurück (insgesamt eine Mehrstrecke von bis zu 45 Kilometer). Von **Agía Galíni** An- und Rückfahrt nach/von **Ágii Déka** etwa 85 Mehrkilometer.

Wir verlassen die Hauptstraße von **Ágii Déka** entweder in der Dorfmitte oder kurz vor dem Dorfende Richtung **Iráklion** südlich nach **Vagioniá**. Dort halten wir uns an der Straßengabelung am Platz in der Dorfmitte links und fahren weiter nach **Loúkia**. Dort geht es geradeaus durch das Dorf (die letzten Meter schon steil bergauf). Am Ende der Steigung kommt eine scharfe Rechtskurve, dann schlängelt sich die asphaltierte Straße in die Berge hinauf. Fotostopps sind unausweichlich, denn der Blick auf die weite **Messará-Ebene** und das **Ida-Massiv** dahinter ist gewaltig.

Wer Kurven und Serpentinen liebt, ist hier genau richtig, denn es gibt davon überreichlich (bis **Kapetanianá** – ca. 8 km – ist die Straße einwandfrei asphaltiert). Nicht weit von **Kapetanianá** erreichen wir den höchsten Punkt der Strecke und schauen hinunter aufs Libysche Meer. Direkt vor **Kapetanianá** zweigt rechts die Zufahrt zum unteren Dorf (**Káto Kapetanianá**) ab. Wir folgen ihr, biegen aber schon nach etwa 100 Metern rechts in einen Schotterweg ein. Mit der guten Straße ist erst einmal Schluss.

Nach einigen hundert Metern nehmen wir an einer Gabelung die rechte Strecke, die bergab in das archaische Bergpanorama hineinführt. Zum Abhang hin gibt es nirgendwo eine Absicherung, und der felsige Untergrund weist reichlich Höhen und Tiefen auf. Ganz weit unten sehen wir bald ein kleines Kirchlein, und die bange Frage des Beifahrers: Da müssen wir hin? kann mit einem gelassenen Ja beantwortet werden. Geduld und Fahrgeschick werden ihn vermutlich bald beruhigen. Doch: die Strecke zieht sich!

Es ist kaum möglich, sich zu verfahren (wie beruhigend), doch es kann vorkommen. Wir aber biegen gleich hinter dem Kirchlein richtig nach links ab.

Es geht immerzu bergab, mal mehr, mal weniger steil, und es lohnt sich, öfter mal einen Fotostopp einzulegen.

An der nächsten Weggabelung fahren wir rechts weiter und sehen nach etwa drei Kilometern wieder ein Kirchlein vor uns. Bevor wir es erreichen, kommen wir an eine Weggabelung, wo wir links abbiegen. Der Weg wird jetzt vorübergehend etwas besser, aber freuen wir uns nicht zu früh, es liegen noch ein paar heikle Stellen vor uns. Zum Beispiel schon nach ein paar Kilometern der Höhepunkt der Tour: die **Tripití-Schlucht**. Wir durchfahren sie nicht auf einer Asphaltstraße wie andere, sondern in einem Flussbett, das im Winter Wasser führt! Gegenverkehr wäre hier fatal!

Hat man einen Beifahrer, wäre es nicht unklug, ihn zu Fuß vorauszuschicken. Erstens könnte er Fotos machen und zweitens den eventuellen Gegenverkehr am anderen Ende der Schlucht abfangen (keine Sorge, es sind nur einige hundert Meter, die Schlucht macht aber am Ende einen Knick, so dass man den Gegenverkehr erst sieht, wenn er vor einem steht! Und dann muss einer zurücksetzen.).

Dann öffnet sich die Schlucht in ein Tal, und wir kommen bald ans Meer. Dort stehen auffallend viele Wohnwagen, auch direkt am Wasser, woraus wir schließen, dass der Weg nach **Léntas** nicht schwierig sein kann. Das stimmt nur zum Teil.

Direkt in der sandigkiesligen Bucht von **Tripití** könen wir uns in der einzigen Taverne dort und/oder im Meer erfrischen. Dann geht es weiter nach **Léntas**. Wir fahren zum westlichen Ende der Bucht zurück und dort links den Berg hinauf (also nicht Richtung Schlucht).

Der Weg ist zuerst recht kommod zu fahren, im Folgenden gibt es aber einige Bergaufabschnitte, die Geschick erfordern. Irgendwann sind wir dann aber oben und fahren an der nächsten Gabelung links (rechts geht es nach **Krótos** hinauf, die Strecke bin ich aber noch nicht gefahren).

Und jetzt brauchen wir hauptsächlich gute Bremsen, denn es geht teilweise mit Macht nach unten. Bald sehen wir den ziemlich neuen Hafen von **Léntas** unter uns liegen, und dann sind wir unten und fahren wieder auf Asphalt. Bis **Léntas** (rechts) sind es noch etwa fünf Kilometer, und wir kommen uns nun fast vor wie auf einer deutschen Bundesstraße, auch wenn uns noch das eine oder andere Stückchen Schotter begegnet.

Vor **Léntas** stoßen wir auf die Straße nach Norden, wir fahren aber links hinunter. An der nächsten Gabelung empfiehlt sich die rechte (obere) Straße, auf der man bis zum zentralen Dorfplatz kommt (der andere Weg führt zwar auch ins Dorf, aber nur zu einem Parkplatz).

Léntas ist das **Mália** des alternativen Tourismus. Man bleibt auch hier gern unter seinesgleichen, allerdings nicht in riesigen Schicki-Micki-Discos, sondern mit oder ohne Gitarre in der Taverne oder am Strand auch in der nächsten westlich gelegenen Dytikós-Bucht (die diesem Teil von Léntas inzwischen auch offiziell ihren Namen gab; es gibt sogar ein Ortsschild) mit schönem Sandstrand und einigen Tavernen, die alle das wilde Zelten erlauben (obwohl auch Zimmer vermietet werden). So haben sie dann noch zusätzliche Gäste. Zimmer gibt es fast in jedem Haus, aber wir wollen ja weiter. Wie überall in Orten wie Léntas heißen hier inzwischen viele Tavernen Taverns oder Pubs, das ist die Kehrseite des Tourismus, sei er nun alternativ oder schicki-micki.

Berühmt ist der weinende Löwe von Léntas, eine Felsformation im Meer, in der man mit ein bißchen Phantasie einen Löwen erkennen kann. Der Legende nach lebten auf Kreta Löwen, als es noch zur Landmasse von Afrika gehörte. Als die Insel dann abbrach und davonschwamm, hatte es ein einzelner Löwe versäumt, rechtzeitig abzuspringen (Löwen können angeblich nicht schwimmen). Als er die Heimat in der Ferne verschwinden sah, legte er sich an den Strand und weinte bittere Tränen, so lange, bis er versteinerte.

Wen es noch nach Bildung und Kultur gelüstet, der wandere ein paar Meter in östlicher Richtung aus dem Dorf hinaus. Oberhalb von Léntas wird er die Überreste der antiken griechisch-römischen Stadt Lebena vorfinden, wo einmal der Hafen von Górtys war. Über einer vorgeblichen Heilquelle (sie wird auch heute noch besucht) stand seinerzeit der Asklepios-Tempel, von dem nur noch zwei der einstmals 16 Säulen übrig sind. Neben dem Tempel steht ein Gebäude mit einem römischen Mosaik, das ein Seepferdchen und zwei Palmen zeigt. In einem unterirdischen Raum wurde hier der Tempelschatz aufbewahrt. Suchen lohnt sich nicht, er wurde schon in römischer oder byzantinischer Zeit geraubt.

Ausgeruht und erfrischt nehmen wir nun das letzte Stück der Tour in Angriff. Fahrerisch gesehen ist es nicht mehr sonderlich anspruchsvoll, denn wir sind inzwischen an Kurven gewöhnt.

Aber landschaftlich ist auch diese Strecke durch die **Asteroússia-Berge** ein Genuss. Wir fahren durch **Krótos** und **Miamoú**, über einen kleinen Pass und schlängeln uns mit der Straße dann wieder hinunter in die **Messará-Ebene**. Bei **Apesokári** biegen wir rechts ab und dann hinter **Flathiákes** links (Ausschilderung Richtung **Iráklion**). Nach etwa zwei Kilometern treffen wir auf ein T-Stück, dort fahren wir links, und nun sind es nur noch drei Kilometer zurück nach **Ágii Déka**.

Tour 18 – Rund um die Lassithi-Hochebene

Eine landschaftlich beeindruckende Tour, wenn auch die Lassíthi-Hochebene heute nicht mehr so aussieht wie auf den alten Postkarten.

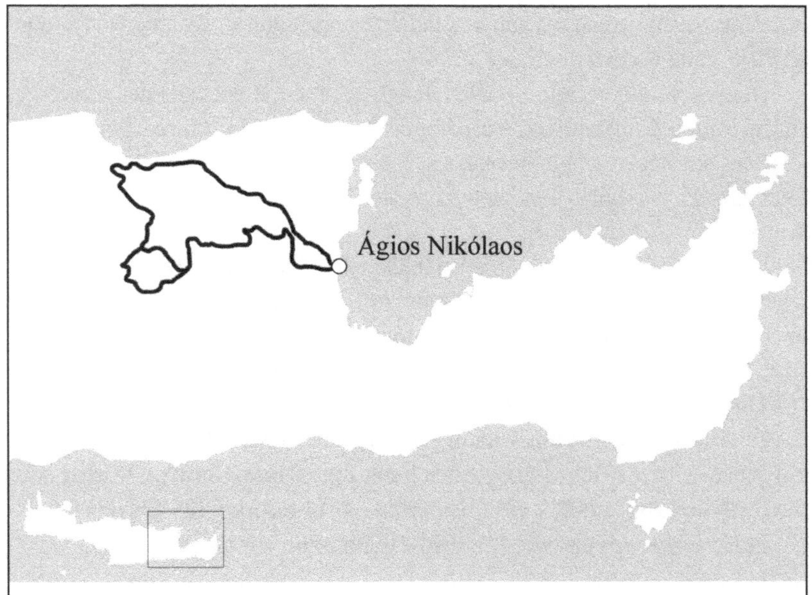

Streckenlänge	ca. 130 km
Straßenbeschaffenheit	durchweg Asphalt
Schwierigkeitsgrad	Normal-Pkw
Begeisterungsfaktor	erhöht

Streckenverlauf: Ágios Nikólaos – Schísma – Flamourianá – Éxo Lakkónia – Ágios Konstantínos – Drási – Amigdáli – Zénia – Éxo und Mésa Potámi – Mésa Lassíthi – Tzermiádon – Lagoú – Kloster Vidianis – Káto Metóchi – Ágios Charálambos – Pláti – Psychro – Avrakóntes – Ágios Geórgios – Ágios Konstantínos – Mésa Lassíthi und zurück, oder: Tzermiádon – Lagoú – Pinakianó – Homo Sapiens Museum – Kerá – Krási – Mália – Selinári – Vrachási – Latsída – Neápolis – Ágios Nikólaos

Alternative Startorte: **Eloúnda**, **Pláka** oder **Istró** (dann kommt An- und Rückfahrt nach **Ágios Nikólaos** hinzu), oder man kann in **Mália** oder **Neápolis** in die Strecke einsteigen.

Wir folgen aus dem Zentrum von **Ágios Nikólaos** südlich des Sees stadtauswärts der etwas komplizierten Beschilderung **Ierápetra/Sitía**. Nachdem wir eine Brücke überquert haben, geht es auf der Ausfallstraße Konstantinou Karamanli geradeaus zur westlichen Umgehungsstraße, die wir geradeaus Richtung **Kritsá** überqueren.

Alternativ können wir nördlich der Brücke am Binnensee der schnurgeraden Straße Konstantinou Paleologou bergan folgen, fahren beim Krankenhaus am Kreisverkehr geradeaus, bis zur beampelten Umgehungsstraße. Hier fahren wir links und biegen an der nächsten Ampel rechts ab nach **Kritsá**.

Wir verlassen die Straße nach **Kritsá** gleich an der ersten Abzweigung nach rechts und fahren über **Schísma**, **Flamourianá** und **Éxo Lakkonía** nach **Ágios Konstantínos**. Dazu halten wir uns hinter **Éxo Lakkonía** mehrfach links, wobei wir unbedingt auf eine Ausschilderung Richtung **Lassíthi-Hochebene** achten müssen.

Ab **Ágios Konstantínos** kann dann nichts mehr schiefgehen. Die gut ausgebaute Straße führt kurvenreich hinauf ins **Díkte-Gebirge**, vorbei oder durch **Drási**, **Amigdáli**, **Zénia**, **Éxo und Mésa Potámi**, bis wir den höchsten Punkt erreichen und die **Lassíthi-Hochebene** vor uns liegen sehen.

Nur wenn von den ehemals abertausend Windmühlen so viele wie möglich weiß bespannt sind, nur dann sieht die Ebene aus wie auf den Postkarten, wie ein großes grünes Feld mit vielen weißen Margeriten darauf. Damit ist aber eher nicht zu rechnen, denn zunehmend lösen Motorpumpen die berühmten Windmühlen ab, und so sind es nicht mehr Abertausende weiße Stoffblüten, sondern nur noch ein paar Dutzend, die sich im Wind drehen. Der Grundwasserspiegel der Hochebene sinkt, und die dieselmotorbetriebenen Pumpen fördern gleichmäßig und zuverlässig auch wenn kein Wind weht.

Dass es hier oben überhaupt genug Grundwasser zur Bewässerung gibt, ist der alljährlichen Schneeschmelze im Díkti-Gebirge zu verdanken. Es kommt soviel Wasser von den Bergen herunter, dass die Lassíthi im Frühjahr ein einziger See ist, da das Wasser nur langsam versickert.

In großzügigen Kurven geht es dann hinunter nach **Mésa Lassíthi**, dessen markante Kirche schon von weitem grüßt.

Hinter dem Dorf halten wir uns an der Straßengabelung rechts Richtung **Tzermiádo**:

Der Hauptort der Lassíthi-Hochebene ist üppig mit Blumen und Grün bewachsen, das Leben (jedenfalls das touristische) spielt sich zum größten Teil entlang der in vielen Kurven durch das Dorf führenden Hauptstraße ab. Hier liegen alle Tavernen, Kafenía und Souvenirläden, und hier werden auch Teppiche, Decken und andere Webwaren angeboten. In der Dorfmitte biegen wir rechts ab und folgen der Ausschilderung zur Krónos-Höhle. Es ist zwar nur ein Fahrweg, der aber problemlos befahren werden kann. Am Fuß des Hangs parken wir und steigen über die Treppen zur Höhle hinauf. Sie ist zwar nicht so groß wie bekanntere Höhlen und auch nicht beleuchtet, aber allemal interessant genug, um sie anzuschauen.

Zurück im Dorf folgen wir der Hauptstraße um die Ebene herum, durch **Lagoú** und den verstreut liegenden Weiler **Pinakianó**. Rechts zweigt die Straße ab, auf der wir (eventuell) später die **Lassíthi-Hochebene** wieder verlassen werden, doch wir fahren geradeaus weiter bis zum zwei Kilometer entfernten ehemaligen **Kloster Vidianís**.

Das Kloster stammt aus der Mitte des 19. Jahrhunderts, wurde 1867 von den Türken zerstört, später wieder aufgebaut, ist aber seit 1968 kein aktives Kloster mehr. Die Kirche und das Kafenío daneben sind aber noch in Betrieb, außerdem gibt es im Gebäude hinter der Kirche ein kleines naturkundliches Museum. Sollte geschlossen sein, findet sich immer irgendwer, der aufsperren kann.

Wir fahren um die Ebene herum, durch **Káto Metóchi**, **Ágios Charálambos** und **Pláti**, bis wir den nächsten größeren Ort der Lassíthi-Hochebene erreichen.

Das Dorf Psýchro ist der Zielort aller Busse, denen man auf der Lassíthi-Hochebene begegnet. Grund dafür ist die zweite Sehenswürdigkeit neben den Windmühlen, die vorgebliche Geburtshöhle von Zeus Diktéon Ándron oberhalb des Dorfes.
Psýchro wirkt trotz des Trubels tagsüber recht bescheiden, was wohl auch daran liegt, dass abends die Busse samt ihrer Fracht wieder verschwinden.
Um zur Höhle zu gelangen, fährt man wie die Busse zu dem oberhalb gelegenen Parkplatz. Von hier aus führt ein Fußpfad durch den Wald hinauf, der etwas beschwerlich zu gehen ist. Die geschäftstüchtigen Vermieter von Eseln, auf deren Rücken man den Aufstieg bequemer

bewältigen könnte, übertreiben allerdings maßlos, wenn sie behaupten, der Aufstieg dauere eine Stunde. Tatsächlich ist der einigermaßen geübte Fußgänger in etwa 20 Minuten oben. Zudem ist der Rückweg links um den Berg herum inzwischen gepflastert, also bequem zu laufen (wenn ich hier Rückweg schreibe, heißt das nicht, dass man ihn nicht auch als Hinweg nutzen kann).

Bevor man hinaufsteigt, erinnere man sich daran, dass für eine Kretareise gutes Schuhwerk und ein warmer Pullover empfohlen wurden. Beides ist hier angebracht (der Pullover jedenfalls in der Höhle).

In der Höhle, die sich von außen als dunkler drohender Spalt zeigt, schließt man sich besser (unauffällig) einer Führung an. Es geht aber auch so, denn die Höhle ist gut beleuchtet und auch gut begehbar.

In dieser Höhle also soll Zeus heimlich geboren worden sein, da er sonst wie seine Geschwister Demeter, Hades, Hera, Hestia und Poseidon von Papa Kronos direkt nach der Geburt gefressen worden wäre. So konnte seine Mutter Rhea Kronos einen in Windeln gewickelten Stein unterschieben. Den neugeborenen Zeus hatte sie zur Idaéon-Ándron Höhle im Ida-Gebirge bringen lassen. Wie die Geschichte weitergeht? Das erfährt man auf meiner Webseite www.kreta-klaus.de.

Dass die Höhle eine minoische Kultstätte war, wurde erst im 19. Jahrhundert entdeckt. Immer wieder brachten Hirten und Bauern Funde an, bis dann zu Beginn des 20. Jahrhunderts endlich mit den Ausgrabungen begonnen wurde. Nach und nach (auch in den von der Decke hängenden Stalaktiten) fand man Opfergaben der Minoer und der Mykener.

Die obere Höhle direkt nach dem Eingang enthielt einen Altar und zahlreiche minoische Votivgaben. Von hier aus geht es auf einem schmalen Pfad etwa 50 Meter nach unten zur großen Tropfsteinhöhle. Auch hier wurden viele Weihegaben gefunden, die heute im Archäologischen Museum in Iráklion zu sehen sind.

Wir fahren nun auf der Hauptstraße um die Ebene herum bis zum Dorf **Ágios Geórgios**, das auch einen Stopp wert ist:

Hier gibt es an der Platía Elevtherías (direkt an der Hauptstraße) ein kleines Heimatmuseum, und einen Besuch dort sollte man sich nicht entgehen lassen. Es ist in einem der wenigen alten erhaltenen Häuser untergebracht, die statt der Fenster ein Loch in der Decke haben, wegen der ständigen türkischen Übergriffe. Es zeigt das Innere eines kretischen Wohnhauses aus dem 19. Jahrhundert, mit den Wohn- und Handwerksutensilien der Bauern. Im ersten Stock befinden sich eine kleine

Gemäldegalerie und Fotos von dem berühmten kretischen Schriftsteller Níkos Kazantzákis, die ihn auf einigen Stationen seines Lebens zeigen.

Etwa eineinhalb Kilometer nach **Ágios Geórgios** erreichen wir **Ágios Konstantínos** (nein, nicht das von vorhin) und dann wieder **Mésa Lassíthi**. Wer für heute genug hat, kann hier rechts abbiegen und zurück nach **Ágios Nikólaos** fahren, allerdings auf derselben Strecke, die wir hergekommen sind.

Wir aber fahren geradeaus/links weiter (auch wenn wir hier gerade schon waren) und über **Tzermiádo** und **Lagoú** an der oben erwähnten Abzweigung Richtung **Mália** aus der Ebene heraus. Wir biegen rechts ab und fahren das kurze Stück zum Pass hoch (rechterhand sind dort die Reste einiger steinerner Windmühlen zu sehen). Und nun geht es nur noch bergab, allerdings erst einmal nicht weit, denn der nächste Halt lockt schon nach etwa einem Kilometer rechts der Straße, das Homo Sapiens Museum.

Es handelt sich nicht um ein weiteres Volkskundemuseum, in dem diverse landwirtschaftliche Gegenstände zu sehen sind, sondern um das Homo Sapiens Village von Geórgios und Manólis Petrákis. Dieses Freilichtmuseum zeigt nicht nur die Entwicklung der verschiedenen Behausungsformen auf Kreta zwischen etwa 700.000 und 3000 v. Chr., sondern auch diverse Skulpturen. Über ein Restaurant verfügt das Museum auch.

Nicht weit vom Museum entfernt liegt das Dorf **Kerá**, das wir durchfahren und dahinter links der Straße das **Kloster Panagía Kerá** (auch Kloster Kardiotíssis) erreichen.

Besonders viel los ist hier am 8. September, denn dann wird das Fest der Panagía (der Muttergottes) feierlich begangen. Aber auch an anderen Tagen lohnt sich ein Besuch, denn Kloster und Kirche sind durchaus schmuck. Am Eingang wird als Obolus eine Spende erbeten, die Spendenquittung sieht aber eher wie eine Eintrittskarte aus. Aber was soll's, auch andere Klöster verlangen Eintritt, denn alle brauchen sie Geld.

Nach etwa eineinhalb Kilometern biegen wir rechts ins Dorf **Krási** ab, schon deshalb, um am Dorfplatz unter der berühmten riesigen Platane einen Kaffee oder so zu trinken. Der Ráki hier ist für seine Qualität mehr als berühmt ... aber nicht gut für den Fahrer.

Wir fahren weiter, zur Hauptstraße zurück, biegen rechts auf sie ein und fahren hinunter nach **Mália**. Hier meiden wir den Ortskern und biegen schon vorher rechts ab nach **Ágios Nikólaos** (wer diese Abzweigung übersieht, wird damit bestraft, dass er bis zur Hauptdurchgangsstraße fahren muss, erst dort rechts einbiegen kann und den maliatypischen chaotischen Verkehr genießen darf).

Mália ist eines der Touristenzentren der Nordküste und wir wollen uns hier nicht aufhalten, es sei denn, wir wollten die Ausgrabungen des minoischen Palastes besichtigen, die etwa zweieinhalb Kilometer östlich von Mália Richtung Ágios Nikólaos links der Straße liegen. Mália ist nach Knossós und Festós der drittgrößte ausgegrabene Palast auf der Insel. Auch hier gab es einen alten und einen neuen Palast. Vom alten ist außer den spärlichen Resten im Nordwesten zum Meer hin nichts mehr zu erkennen.

Der neue Palast von Mália wird von Archäologen für archaischer gehalten als die neuen Paläste von Knossós und Festós.

Am Eingang des Ausgrabungsgeländes wendet man sich nach links und geht bis zum Ende der Ausgrabungen im Norden, wo einmal der ursprüngliche Eingang zum Palast lag. Hier wendet man sich rechts und betritt den Palast durch eine kleine Eingangshalle, hinter der Magazine liegen. Von hier aus wieder rechts, nach Süden, gelangt man auf den zweiteiligen Nordhof. An seinem Südrand ein viereckiges Gebilde (in Grundmauern), das wegen der Dicke der Mauern als Turm gedeutet wird. Deswegen wird der südliche Teil des Nordhofs auch als Turmhof bezeichnet.

Von diesem Turm aus kommt man zu einem Zentralhof, wie er für alle ausgegrabenen minoischen Paläste typisch ist. Dieser Hof diente offiziellen und kultischen Zwecken. In seiner Mitte ein Altar für Brandopfer, östlich davon Magazine, westlich Repräsentationsräume. Der erste davon ist der Thronsaal, dahinter wohl der Ankleideraum, wo bedeutende Funde gemacht wurden (Teile eines Zepters, ein Dolch, ein reich verziertes Schwert. Das alles ist im Archäologischen Museum in Iráklion ausgestellt).

Neben dem Ankleideraum führen Treppenfragmente in ein nicht mehr vorhandenes Obergeschoss, südlich davon liegt eine kleine Halle und eine Pfeilerkrypta, dahinter eine breite Schautreppe und ein besonders gut erhaltener kreisrunder Opferstein (Kernos) mit vielen kleinen Näpfchen ringsum, wohl für Getreideopfer.

Noch weiter im Süden liegen weitere Magazine und Vorratsräume, unter anderem acht kreisrunde. Hier

wird vermutet, dass es sich um Getreidesilos und nicht um Zisternen handelt, wofür bei fünfen die Reste von einem Mittelpfeiler sprechen.
Wendet man sich hier wieder nach Norden, durchquert man (nach weitläufigen Magazinen) die Privaträume des minoischen Herrschers.
Es wird immer noch fleißig ausgegraben, es kommt also immer noch etwas dazu, weshalb die Orientierung anhand dieser Beschreibung etwas schwieriger werden könnte. Das gilt aber nicht für das Zentrum des Palastes.
Nördlich in Richtung Meer die Ausgrabungen einer minoischen Nekropole, eines Friedhofs.

Wir fahren auf der Hauptstraße nach Osten, bis sie sich vom Meer entfernt und in weiten Kurven den Berg hinauf führt (hier wird übrigens seit mehr als fünf Jahren gebaut und die Strecke ist nur einspurig – der Gegenverkehr wird umgeleitet, also keine Sorge).

Nach ein paar Kilometern erreichen wir das **Kloster Selinári**. Wer dazu noch Kraft und Lust hat, kann es besichtigen.

Das kleine Kloster Ágios Geórgios Selinári direkt oberhalb der Straße, mit Bänken, Pinienbäumen und einer Quelle, ist ein beliebter Rastplatz, ein wirklich gemütlicher Ort. Auch in der größten Mittagshitze ist es hier kühl. Die große Kirche ist leider meist verschlossen, dafür kann man in der kleinen Kapelle davor eine sehr schöne holzgeschnitzte Ikonenwand bewundern.
Eine weitere kleine und wirklich niedliche Kapelle, die ebenfalls dem Ágios Geórgios geweiht ist, liegt gegenüber ein paar Stufen den Berg hinunter an der alten Straße. Sie ist gerade groß genug für einen Priester und sechs Besucher ...

Für heute lassen wir es genug sein und düsen auf der gut ausgebauten New Road zurück nach **Ágios Nikólaos**.

Tour 19 – Rundfahrt durch das Mirabéllo-Dreieck

Die Tour führt abseits der üblichen Pfade durch touristisch wenig erforschtes Gebiet, ist aber einfach zu fahren und landschaftlich sehr beeindruckend.

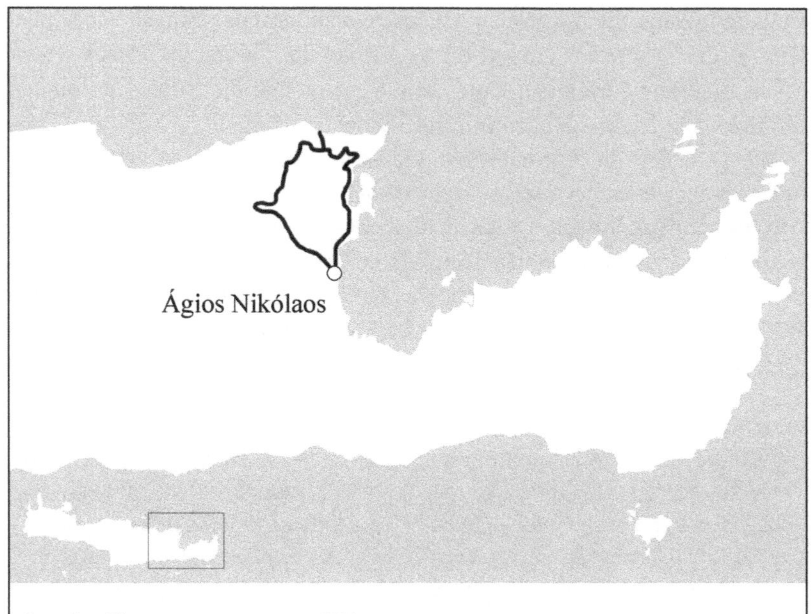

Streckenlänge	ca. 85 km
Straßenbeschaffenheit	durchweg Asphalt
Schwierigkeitsgrad	Normal-Pkw
Begeisterungsfaktor	Kreta-üblich

Streckenverlauf: Ágios Nikólaos – Límnes – Nikithianó – Neápolis – Kouroúnes – Nofaliás – Díllakos – Finokaliá – Patsópoulos – Váltos – Skiniás – Vlichádia – Káto Sélles – Sélles – Vrouchás – Pláka – (Kalýdon/Spinalónga) – Ágios Nikólaos

Alternative Startorte: **Istró** (plus An- und Rückfahrt nach **Ágios Nikólaos**), oder man kann in **Neápolis**, **Eloúnda** oder **Pláka** bei geänderter Reihenfolge in die Strecke einsteigen.

Wir fahren von der Brücke am Binnensee auf der schnurgeraden Straße Konstantinou Paleologou stadtauswärts bergan, fahren beim Krankenhaus in der selben Richtung aus dem Kreisverkehr hinaus wie wir hineingefahren sind, und weiter bis zur großen Ampelkreuzung mit der Umgehungsstraße. Hier biegen wir rechts ein auf die Old Road und fahren geradeaus weiter (nicht Richtung **Eloúnda**). Kurz darauf gabelt sich die Straße, wir halten uns links und fahren an **Xirókambos** vorbei.

Wir genießen die fast autofreie alte Straße und sinnieren vielleicht darüber nach, wie es gewesen sein muss, als alle Lkw und Busse sowie das Gros des übrigen Verkehrs noch nicht über die New Road rollten bzw. rollen konnten. Wir können die neue Straße von hier aus sehen und unterqueren sie auch nach einigen Kilometern. Das Schild, das nach links zur **Lassíthi-Hochebene** weist, ignorieren wir und fahren über **Límnes** und **Nikithianó** nach **Neápolis**.

Das kleine Bischofsstädtchen Neápolis liegt recht hübsch inmitten riesiger silbriggrüner Olivenhaine, aber nicht direkt am Meer und verzeichnet deshalb Touristen in der Regel nur als Durchreisende. Wir fahren in den Ort hinein und folgen der Hauptstraße, die links zum zentralen Platz abknickt.
Sehenswert ist die Kirche der Megáli Panagía (der großen Muttergottes) aus dem 19. Jahrhundert und ihre kleine Schwester direkt daneben. Im Park bei den Kirchen ist Zervonikólas begraben, einer der berühmtesten Widerstandskämpfer gegen die Türkenherrschaft. Dieser gepflegte Park mit seinen Statuen ist eine wahre Oase der Ruhe, neben dem quirligen Dorfplatz.

Vom Dorfplatz aus fahren wir den selben Weg zurück, biegen bei der ersten Möglichkeit links ab und bei der nächsten rechts (ausgeschildert Richtung New Road). Wir überqueren diese und fahren an der Gabelung dahinter rechts Richtung **Kouroúnes**, **Skiniás** und **Nofaliás**. Wir verlassen **Neápolis** und tauchen wieder ein in die bergige und recht grüne Landschaft. Nach etwa zwei Kilometern weist ein Schild nach rechts zu den Ausgrabungen von **Dríros** (noch etwa zwei Kilometer auf Asphalt), dem wir folgen. Die Straße endet direkt vor den Ausgrabungen, die verstreut auf einem Hügel liegen.

Dríros war eine der bedeutendsten dorischen Städte auf Kreta. Die Ausgrabungen lassen u. a. einen Marktplatz und ein Heiligtum erkennen.

Einige kleinere Statuetten, die hier gefunden wurden, befinden sich heute im Archäologischen Museum in Iráklion. Meistens ist der Besucher hier fast allein und kann die Ruhe und die schöne Aussicht genießen, die auch die früheren Bewohner schon hatten.

Von **Dríros** fahren wir zurück zur Hauptstraße, biegen rechts auf sie ein und fahren nach Norden bis **Kouroúnes**, ein winziges Dörfchen mit einer überdimensionierten prächtigen Kirche.

Hier weist links ein Schild nach Xirolímni und zum Tímios Stavrós. Wer Lust hat, kann mal hineinfahren, man verpasst aber nicht viel, wenn man es lässt. Nach etwa einem Kilometer gabelt sich die Straße: links geht es zum Berggipfel (Tímios Stavrós, so heißen viele), wo man aber außer einer riesigen Antennenanlage, die den ganzen Gipfel okkupiert, nichts weiter vorfindet – nur dass man möglicherweise plötzlich einen türkischsprachigen Sender im Autoradio hat. Unten geradeaus führt die Straße noch einen Kilometer asphaltiert, dann auf eher mäßigem Schotter in etwa zwei Kilometern zum ehemaligen und ziemlich verfallenen Kloster Ágios Geórgios, von dem außer der Kirche nicht mehr übrig ist (die Gegend hier heißt übrigens bezeichnender Weise Xerá Xýla, was so viel heißt wie trockene Hölzer). Den Schotterweg nach Xirolímni ersparen wir uns und drehen wieder um.

Zurück in **Kouroúnes** biegen wir links auf die Hauptstraße ein und fahren weiter nach Norden über **Nofaliás**, **Díllakos**, **Koudoúmalos**, **Finokaliá**, **Patsópoulos** und **Váltos** nach **Skiniás**. Die Landschaft ist sanft und grün, auffällig sind die vielen Solaranlagen an den Hängen. Nicht besonders schön, aber in diesen Breiten eine sehr vernünftige Methode, Energie zu gewinnen.

Optionaler Abstecher

Zwischen Patsópoulos und Váltos zweigt rechts die Straße nach Karýdi und zum Kloster Aretíou ab (zum Kloster sind es von hier aus knapp drei Kilometer). Auch dieses Kloster ähnelt einer wehrhaften Festung. Es wurde in den neunziger Jahren des letzten Jahrhunderts renoviert, ist noch in Betrieb und kann besichtigt werden. Allerdings nicht zwischen 13.30 und 17.00 Uhr, da halten die Mönche wohl Mittagsschlaf.

In **Skiniás** gabelt sich kurz hinter dem Ortseingang die Straße. Wir fahren hier links und über **Ágios Geórgios** hinunter zum Meer, nach **Vlichádia**.

Vlichádia ist eine kleine Streusiedlung mit wenigen Häusern (darunter eine Fischtaverne, die nach dem großen Rembetikomusiker Tsitsanis heißt), mit einem felsigen Strand, alles in allem nur mäßig einladend. Also verwundert es wenig, dass ein paar wilde Camper als potentielle Kundschaft für die Taverne gerne geduldet werden.

Wir halten uns nicht lange auf, sondern fahren am Meer entlang auf der asphaltierten Straße nach Osten bis **Káto Sélles**. Hier liegt direkt unterhalb der Straße die kleine Felsenkirche des Ágios Antónios. Ein kleiner Halt mit Hinuntersteigen sollte dafür drin sein.

Kurz hinter der Kirche biegt die Asphaltstraße im rechten Winkel nach rechts vom Meer weg (man könnte auch geradeaus auf Schotter weiterfahren, aber es lohnt sich nicht sehr). Wir folgen also der Straße, die kurvenreich zum Dorf **Sélles** hinauf führt. Kurz hinter **Sélles** kommen wir wieder auf die Hauptstraße von **Skiniás** her und biegen links ein Richtung **Vrouchás** (noch etwa zwei Kilometer).

Vrouchás ist ein größeres und lebendiges Dorf mit zwei Kirchen. Die kleinere und ältere steht halb auf der Durchgangstraße, aber wir fahren ja sowieso langsam und vorsichtig. Bei Gegenverkehr kann es etwas eng werden.

Am Ortsausgang von **Vrouchás** stehen links oberhalb der Straße die restaurierten (?) Reste einiger steinerner Windmühlen und das (in der Regel verschlossene) Kirchlein des Ágios Chrysóstomos. Und einen schönen Blick zurück auf das Dorf hat man von hier aus auch.

Nun geht es in großzügigen Kurven auf guter Straße wieder hinunter zum Meer. Der Blick auf den Golf von **Spinalónga** mit der großen gleichnamigen Insel und der kleinen ehemaligen Leprainsel **Kalydón(a)** links davon ist grandios. Also halten wir an dem baumbestandenen Aussichtspunkt links der Straße und genießen in Ruhe das Panorama.

Nach einer letzten scharfen Linkskurve am Ende einer langen Geraden erreichen wir **Pláka**.

Das ehemals kleine Fischerdorf Pláka liegt direkt gegenüber der ehemaligen Leprainsel Kalydón(a) – zwar ist immer wieder auch von Spinalónga als Leprainsel die Rede (auch auf einheimischen Plakaten),

aber das ist die andere, größere Insel!
Seine Lage hat dazu geführt, dass aus dem kleinen und verträumten Dörfchen ein stark touristisch geprägter Ort geworden ist. Es gibt nicht nur zahlreiche neue Lokale mit Inselblick, es werden auch überall Zimmer und Appartements vermietet (ich habe hier noch nie übernachtet, kann dazu also nicht mehr sagen) und freies Parken angeboten. In der Hochsaison drängen sich die Autos, denn von hier kann man am schnellsten und preiswertesten nach Kalydón übersetzen.
Die Fahrkarten bekommt man vor dem Lokal Gorgóna direkt oberhalb des Hafens (hier kann man übrigens auch sehr gut essen). 2011 betrug der Fahrpreis acht Euro (hinzu kommt noch ein Euro Eintritt, der auf der Insel zu zahlen ist). Die Boote fahren alle halbe Stunde, Verweildauer auf Kalydón maximal eine Stunde, länger lohnt auch nicht).

Wer **Kalydón(a)** noch nicht gesehen hat, der sollte sich die Überfahrt gönnen!

Auf der Insel gibt es ein Kastell, das die Venezianer wegen der günstigen Lage errichtet haben und wo sie bis zuletzt den Türken trotzten. Sie durften es sogar behalten, als Kreta vollständig von den Türken erobert war. Die Überreste des Kastells sind noch recht gut erhalten.
Innerhalb seiner Mauern befand sich ab 1903 die Leprakolonie. Überall auf Kreta wurden seinerzeit Leprakranke von der Polizei in Gewahrsam genommen und auf die Insel deportiert, um dort bis an ihr Lebensende zu bleiben. Zum Schluss waren es über 400 Menschen, die hier lebten und sich entsprechend eingerichtet hatten.
Sie restaurierten die verfallenen Häuser, betrieben in bescheidenem Maße Ackerbau und Viehzucht, und entwickelten im Laufe der Jahre ein richtiges kleines Gemeinwesen. Nachdem Desinfektionsstationen gebaut worden waren, konnten auch Verwandte die Kranken auf der Insel besuchen. Die hygienischen Verhältnisse und die medizinische Versorgung wurden ebenfalls verbessert, dennoch starben die meisten an ihrer Krankheit. Die letzten Überlebenden wurden 1957 von der Insel weggebracht. Seitdem hat sie keine Leprakranken mehr gesehen, also braucht niemand Ansteckung zu fürchten.
Der Rundgang um die Insel dauert etwa 20 Minuten. Da das Boot aber erst nach einer Stunde wieder zum Abholen eintrifft, kann man sich alles in Ruhe ansehen. Vieles ist baufällig und wegen Einsturzgefahr abgesperrt, doch es wird daran gearbeitet.
Unweit der kleinen Anlegestelle gibt es ein funktionierendes Kartentele-

fon. Das ist kein Gag! Es wurde für den Fall montiert, dass man das letzte Boot nach Pláka oder Eloúnda verpasst hat, also sollte man eine Telefonkarte dabei haben (und vielleicht eine Visitenkarte der Taverne Gorgona wegen der Telefonnummer). Billiger als der Notruf mit eigenem Handy ist es in jedem Fall!

Zurück von der Insel, verlassen wir **Pláka** auf der Hauptstraße nach Süden und fahren nach **Eloúnda**. Am Fischerhafen halten wir uns beim Uhrturm links und folgen weiter der Hauptstraße durch das Dorf.

Die durch die vorgelagerte Insel geschützte Lage von Eloúnda hat den Ort zu einem Zentrum des (luxuriösen) Pauschaltourismus werden lassen. Um das Dorf herum gibt es viele Edelhotels, im Spitzenreiter Astir Palace kann man pro Nacht locker 300 Euro und mehr loswerden.

Das große langgestreckte Dorf ist ein Touristenort wie viele andere, mit reichhaltigem Angebot an Tavernen, Geschäften (vor allen Dingen mit touristischem Bedarf), preiswerteren kleineren Hotels und Rent rooms. Das alles erklärt aber nicht, warum ausgerechnet hier ein Zentrum des Schicki-Micki-Tourismus' entstanden ist. Meine Kragenweite ist es nicht – auch nicht finanziell gesehen. Aber das G8-Gipfeltreffen auf Kreta vor vielen Jahren fand selbstverständlich hier statt.

Ein ganzes Stück vom Hafen entfernt ist an der Hauptstraße links die Zufahrt zum Public Beach ausgeschildert (wegen der zahlreichen Reklametafeln übersieht man das Schild leicht). Wir biegen links ab und fahren die Straße entlang und über einen Damm bis zu einer Brücke, die über den schmalen Kanal führt, der die Insel **Spinalonga** vom kretischen Festland trennt.

Spätestens hinter der Brücke parken wir und gehen rechts bis zu einer netten Taverne. Direkt rechts daneben führt ein schmaler Weg etwa 20 Meter landeinwärts. Dort findet man ein eingezäuntes byzantinisches Fußbodenmosaik, das Delphine und Rosetten zeigt.

Zurück an der Taverne, geht man weiter am Wasser entlang bis zu einer kleinen Kirche. Direkt vor der Kirche kann man bei ruhiger See unter der Wasseroberfläche die Grundmauern von Gebäuden erkennen (man muss schon sehr genau hinsehen).

Es soll sich um Überreste der antiken Stadt Ólous handeln, die durch eine Erdbewegung im Meer versank.

Einige hundert Meter weiter liegen

zwischen den Klippen mehrere kleine Badestellen, wo man fast für sich alleine sein kann. Nebenbei sind die Felsen bestens für einen Sprung ins Wasser zu nutzen, das hier tief genug ist.

Das war's dann für heute. Zurück nach **Ágios Nikólaos** finden wir ab hier allein!

Tour 20 – Auf einsamen Pfaden durch das Díkte-Gebirge

Eine Tour, die sogar durch bewaldetes Gebiet führt und auch sonst mit landschaftlicher Schönheit überzeugt.

Streckenlänge	ca. 90 km
Straßenbeschaffenheit	teilweise sehr unwegsame Schotterstraße
Schwierigkeitsgrad	Normal-Pkw nur für routinierte Fahrer, besser Pkw mit Allradantrieb
Begeisterungsfaktor	erhöht

Streckenverlauf: Ágios Nikólaos – Kritsá – Kroústas – Katharó-Hochebene – Kritsá – Láto – Margiéli – Tápes – Margiéli – Flamourianá – Schísma – Ágios Nikólaos

Alternative Startorte: **Eloúnda**, **Pláka** oder **Istró** (dann kommt An- und Rückfahrt nach **Ágios Nikólaos** hinzu).

Wir folgen aus dem Zentrum von **Ágios Nikólaos** südlich des Sees stadtauswärts der etwas komplizierten Beschilderung **Ierápetra/Sitía**. Nachdem wir eine Brücke überquert haben, geht es auf der Ausfallstraße Konstantinou Karamanli geradeaus zur westlichen Umgehungsstraße, die wir Richtung **Kritsá** überqueren.

Alternativ können wir nördlich der Brücke am Binnensee der schnurgeraden Straße Konstantinou Paleologou bergan folgen, fahren beim Krankenhaus am Kreisverkehr geradeaus, bis zur beampelten Umgehungsstraße. Hier fahren wir links und biegen an der nächsten Ampel rechts ab nach **Kritsá**.

Wir fahren über **Roúsa Límni** und **Mardáti** allmählich auf das **Díkte-Gebirge** zu.

Einen knappen Kilometer vor **Krítsa** machen wir auf dem beschilderten Parkplatz rechts der Straße Halt, um uns eine der berühmtesten Kirchen Kretas anzuschauen.

Die kleine Kirche **Panagía i Kerá** ziert viele Titelblätter, und das nicht zu Unrecht, denn sie hat zwei Besonderheiten zu bieten.

Die erste Besonderheit ist ihre Dreischiffigkeit. Die drei Kirchenschiffe entstanden in Sandwich-Bauweise nach und nach im Laufe von drei Jahrhunderten. So ist die Kirche viel breiter, als der Kuppelturm über dem mittleren Schiff hoch ist. Durch die zusätzlichen schrägen Stützmauern an den Seiten wirkt sie geduckt und fest im Boden verwurzelt. Nicht das mittlere Schiff mit der Kuppel ist das älteste, das südliche war der Ursprung der Kirche.

Die zweite Besonderheit sind die Fresken im Inneren, die man auch ohne Blitz nicht fotografieren darf, jedenfalls nicht, so lange der Wächter in der Nähe ist. Nirgendwo sonst auf Kreta sind die Fresken so zahlreich und so gut erhalten. Deshalb ist die Kirche meines Wissens die einzige auf Kreta, wo Eintritt verlangt wird (ca. drei Euro). Sie ist diesen Obolus wert.

Das Mittelschiff ist mit Bildern der Propheten (in der Kuppel, weniger gut erhalten), der Evangelisten (in den Ecken darunter) und mit einer Darstellung der Auferstehung Christi geschmückt, in der Apsis ist die Gottesmutter mit den Erzengeln Gabriel und Michael dargestellt und im vorderen Teil sind Stationen aus dem Leben Christi zu sehen, wie die Geburt, der Kindermord des Herodes und das Abendmahl.

Das Südschiff ist der Agia Anna geweiht (der „Großmuttergottes“). Die Fresken zeigen Stationen aus ihrem Leben.

Das Nordschiff ist dem Ágios Antónios zugedacht. Die Darstellung des Christus Pantokrator in der Apsis ist besonders interessant. Etwas fehl am Platze scheint in der hinteren linken Ecke ein Paar in kretischer Tracht. Man vermutet, dass es sich um die Stifter des als letztes angebauten Nordschiffes handelt. Die Kirche ist montags bis samstags von 10.00 bis 15.00 Uhr, sonntags nur bis 14.00 Uhr geöffnet. Man sollte sich die Öffnungszeiten unbedingt bei der Touristeninformation EOT in Ágios Nikólaos bestätigen lassen, damit man nicht vor verschlossener Tür steht.

Nach der Besichtigung fahren wir weiter nach **Kritsá**. Die rechts ausgeschilderte Straße nach **Láto** ignorieren wir, die werden wir erst später nehmen.

Kritsá ist mit etwa 2000 Einwohnern eines von den größten Dörfern der Insel. Spätestens seit es Schauplatz der Verfilmung von Kazantzakis' Griechischer Passion durch Jules Dassin war, gilt es auch als eines der schönsten.
Entlang der Hauptstraße wird den Besucherströmen, die aus Ágios Nikólaos herüberschwappen, durch zahlreiche Souvenirläden Rechnung getragen. Von den angebotenen Web- und Stickarbeiten sind allerdings viele importiert (sogar aus Thailand). Die lokale Ware ist schöner, aber auch entsprechend teurer. Um Souvenirläden zu sehen, hätten wir auch in Ágios Nikólaos bleiben können, wir verlassen also die Hauptstraße ganz schnell (zu Fuß), denn in den schmalen verwinkelten Gassen mit den ineinander verschachtelten weiß getünchten Häusern hat das Dorf seine Ursprünglichkeit behalten und ist so wie es sein soll.

Falls wir keinen Parkplatz gefunden haben, fahren wir durch das Dorf, langsam und vorsichtig, denn die Gassen sind eng, bis wir zur Abzweigung nach **Kroústas** (links) kommen. Wir fahren aber nicht Richtung **Katharó-Hochebene** (das kommt später). Wir genießen stattdessen erst die Fahrt auf der geschwungenen gut asphaltierten Straße, die sich gesäumt von Nadelbäumen etwa vier Kilometern zum Dorf **Kroústas** hinaufschraubt.

Kroústas liegt weit genug abseits, so sind hier nur selten Touristen in den Tavernen wie im Petrino gleich neben der kunterbunten Kirche an der Durchgangsstraße oder in einem der Kafenía anzutreffen. Ein wohltuender Gegensatz zu den geschäftigen Orten am Meer. Kroústas ist aber keineswegs eines der langsam sterbenden Dörfer auf Kreta, sondern mit Leben reichlich erfüllt.

Kurz hinter der Kirche liegt rechts der Straße der Sportplatz. Hier biegen wir rechts ab (Ausschilderung zur Kirche des **Ágios Mámantos**). Die Straße ist teilweise recht schmal aber gut asphaltiert und entsprechend gut zu fahren. Bis zur Kirche sind es nur einige Kilometer. Sie liegt links der Straße, ist neu aus grauem Stein gemauert. Von hier bietet sich bei klarem Wetter ein herrlicher Blick auf die Nordostküste. Allerdings ist sie meistens verschlossen.

Wir folgen der Straße weiter hinauf ins Gebirge und freuen uns an der Landschaft, besonders wenn die Straße durch einen richtigen Nadelwald führt. Wenn die bunten Bienenstöcke abseits der Straße nicht wären, könnte man meinen, im Schwarzwald zu sein …

Allmählich weicht der Asphalt einigen Schotterstellen und irgendwann ist er ganz zu Ende. Aber noch ist die Schotterstrecke eben und weiterhin recht kommod befahrbar.

Das ändert sich allerdings ab der Abzweigung links nach **Máles**. Wir fahren rechts den Berg hinauf, doch nun weist der Fahrweg immer wieder tiefe ausgewaschene Rinnen und Löcher auf, auch liegen stellenweise größere Steine herum. Ich bin ihn mit einem japanischen Kleinwagen gefahren, aber das wäre sicher nicht jedermanns Sache.

Die weitere Strecke ist sogar immer mal wieder nach **Katharó** ausgeschildert. Bei der nächsten größeren Gabelung an einer Kirche halten wir uns rechts, an der folgenden links.

Schließlich überqueren wir einen Miniaturpass und sehen die **Katharó-Hochebene** vor uns liegen. Auf teilweise schwierigen Fahrwegen tasten wir uns durch die Ebene nach Norden vor, dorthin, wo wir einige Häuser erkennen können. Bei diesen Häusern treffen wir wieder auf Asphalt.

Das erste und älteste Lokal auf der Katharó wird von Katerina betrieben, die ebenso freundlich wie resolut jedes Auto abfängt, bevor jemand nur daran denken kann, woanders als bei ihr einzukehren. Sie ist ein echtes Original, aber der Gast darf es bei ihr nicht allzu eilig haben, denn ihr Arbeitstempo ist ausgesprochen gemütlich. Die Auswahl ist nicht üppig, aber das Essen schmeckt.

Die Hochebene und dieser Weiler sind nur im Sommer bewohnt, wenn

die Katharó agrarisch genutzt wird. Am 5. August wird hier das Fest des Aféndis Christós gefeiert, dann strömt es die Straße herauf und es tanzt der Bär (in allen Lokalen).
Der Fahrweg führt noch etwa zwei Kilometer weiter in die Ebene hinein, bis zum Weiler Kopráki, der auch nur aus einigen wenigen Häusern besteht. Als ich mal im Mai nach einem regnerischen Frühjahr da war, musste ich mit dem Auto sogar durch einen kleinen Fluss furten.

Wir folgen ab Katerinas Lokal der Asphaltstraße rechts den Berg hinauf, überqueren einen kleinen Pass und sehen dann tief unten **Ágios Nikólaos** und das Meer liegen.

Die kurvenreiche Asphaltstraße hinunter nach **Kritsá** ist wieder eine herrliche Strecke, gesäumt von Nadelbäumen, und hinter jeder Kurve lauert eine neue Aussicht (oder ein Esel am Straßenrand, von denen es immer weniger gibt).

In **Kritsá** können wir uns nun entscheiden, ob wir auf direktem Weg nach **Ágios Nikólaos** zurückfahren oder lieber den Rest der Tourstrecke in Angriff nehmen wollen.

In letzterem Fall wenden wir verbotenerweise am unteren Dorfende von **Kritsá** vor der Taverne To Konaki, fahren ins Dorf zurück bis zur erwähnten Abzweigung rechts nach **Láto** und fahren jetzt hier hinein (noch ca. vier Kilometer).

Etwa einen Kilometer vor **Láto** gabelt sich vor einem kleinen Kriegerdenkmal die Straße, und wir nehmen erst einmal die rechte und fahren nach Láto, in der Hoffnung, dass das Ausgrabungsgelände geöffnet ist (die Öffnungszeiten variieren anscheinend nach Lust und Laune).

Zu besichtigen sind hier die Überreste einer dorischen Stadt: ein Tempel, eine Zisterne, der alte Markt (Agorá), eine Treppe, bei der es sich auch um die Ränge eines Theaters handeln könnte, außerdem die Grundmauern kleiner Häuser in der Nähe der Agorá.
Erfreulich ist, dass hier selten viele Besucher da sind, denn noch fahren keine Reisebusse bis hierher.

Auf der Fahrt zurück biegen wir beim kleinen Kriegerdenkmal rechts ab. Die schmale asphaltierte Straße führt durch Olivenhaine hinunter nach **Margiéli**. Vor dem Dorf biegen wir links auf die breitere Asphaltstraße ein und fahren wieder auf die Berge zu.

Einige Kilometer hinter **Margiéli** dürfen wir die Abzweigung nach links Richtung **Tápes** nicht übersehen; geradeaus endet die Straße nach wenigen Kilometern im Nichts bzw. an einer ewigen Baustelle, wo ein paar einsame Baumaschinen vor sich hin rosten. Vermutlich handelt es sich hier um eine unsinnige Verwendung von EU-Geldern, denn für mich erschließt sich nicht, welchen Sinn diese Straße haben könnte. Sie sollte vermutlich bis zur **Lassíthi-Ebene** weitergeführt werden, aber wozu?

Wir sind an der richtigen Stelle links abgebogen (ja, es gibt auch ein Schild!), und uns wird auf den folgenden Kilometern einmal mehr eindrucksvoll vor Augen geführt, wie kunstvoll und rücksichtslos auf Kreta immer mehr neue Straßen in die Berge gefräst werden. Unsere Straße ist ein Traum, breit genug für zweieinhalb Lkw oder Busse (letztere fahren hier überhaupt nicht). Erst auf dem letzten Stück schien man die alte Straße noch für gut genug gehalten zu haben, denn dort gibt es sie wieder, die „allseits beliebten" heftigen Schlaglöcher.

Und wohin führt diese Straße? In ein gottverlassenes Dorf am Berghang mit nur einigen wenigen Einwohnern.

Ich muss mich korrigieren, so ganz gottverlassen ist Tápes nun doch nicht, denn außer dem einen Kafenío mit einem nicht sehr eifrigen aber freundlichen Wirt gibt es im und ums Dorf herum fünf kleinere und größere Kirchen (und die sind bis auf eine sehr fein herausgeputzt). Warum sind wir also hier herauf gefahren? Einmal mehr wegen der tollen Aussicht (der Weg ist das Ziel), und natürlich wegen der teils romantisch im Grünen gelegenen Kirchen. Ein Spaziergang um das Dorf herum lohnt sich.

Vermutlich sind wir nun etwas müde geworden, deshalb fahren wir denselben Weg wieder zurück (es gibt auch keinen anderen), fahren nun in **Margiéli** links, bis wir nach wenigen hundert Metern auf die breite Straße von **Éxo Lakkonía** nach **Ágios Nikólaos** treffen. Wir biegen rechts ein und fahren über **Flamourianá**, **Chamiló** und **Schísma** nach **Ágios Nikólaos**.

Tour 21 – Über den Zwei-Meeres-Blick bei Kalamáfka

Eine kürzere Tour, die landschaftlich einiges zu bieten hat.

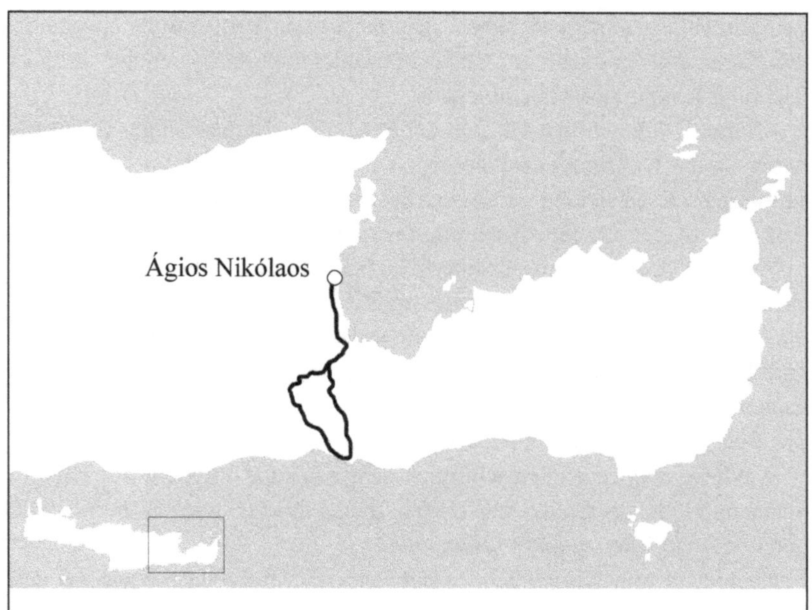

Streckenlänge	ca. 65 km
Straßenbeschaffenheit	durchweg Asphalt
Schwierigkeitsgrad	Normal-Pkw
Begeisterungsfaktor	Kreta-üblich bis erhöht

Streckenverlauf: Ágios Nikólaos – Istró – Prína – Kalamáfka – Kamára – Bramianá-Stausee – Ierápetra – Makryliá – Meseléri – Kaló Chorió – Ágios Nikólaos

Alternative Startorte: **Eloúnda** oder **Pláka** (dann kommt An- und Rückfahrt nach **Ágios Nikólaos** hinzu). Außerdem kann man in **Istró** oder **Ierápetra** in die Strecke einsteigen und wie gehabt nur die Reihenfolge etwas abändern.

Wir folgen aus dem Zentrum von **Ágios Nikólaos** südlich des Sees stadtauswärts der etwas komplizierten Beschilderung **Ierápetra/Sitía**. Nachdem wir eine Brücke überquert haben, geht es auf der Ausfallstraße Konstantinou Karamanli geradeaus zur westlichen Umgehungsstraße, in die wir links Richtung **Ierápetra/Sitía** einbiegen.

Alternativ können wir nördlich der Brücke am Binnensee der schnurgeraden Straße Konstantinou Paleologou bergan folgen, fahren beim Krankenhaus am Kreisverkehr geradeaus, bis zur beampelten Umgehungsstraße. Auf diese biegen wir links Richtung **Ierápetra/Sitía** ein.

Wir folgen der gut ausgebauten Hauptstraße über **Ammoudára** (Vorsicht: die Lokale an der Durchgangsstraße haben ihre Terrassen am Strand, die Kellner laufen also ständig über die Straße!) nach **Istró**. Hier biegen wir kurz hinter dem Ortseingang rechts ab nach **Kaló Chorió**, sozusagen das Binnendorf von **Istró**. Wir fahren aber nicht in den Ort hinein, sondern links den Berg hinauf (Richtung **Kalamáfka**).

Wieder einmal eine landschaftlich sehr reizvolle Strecke, mit Kiefern rechts und links der Straße und Ziegen, die an den Hängen herumkraxeln – von den Ausblicken ganz zu schweigen.

Nach etwa fünf Kilometern zweigt links die Straße nach **Meseléri** und **Makryliá** ab, auf der wir später zurückkommen werden. Jetzt lassen wir sie links liegen und erreichen einen Kilometer weiter das Dorf **Prína**.

Hinter **Prína** geht es steil den Berg hinauf, und dann bietet sich uns ein Blick, den man auf Kreta nicht oft hat: Man kann von hier nämlich gleichzeitig im Norden den Golf von Mirabéllo und im Süden das Libysche Meer bei **Ierápetra** sehen. Wir parken beim Schild Traditional Café I Thea, folgen aber nicht dem Pfeil auf dem Schild, sondern gehen rechts daran vorbei die paar hundert Meter hinauf zu einem Aussichtspunkt auf dem Hügel. Und wenn wir jetzt noch klare Sicht haben …

Nach etwa zwei Kilometern kommen wir nach **Kalamáfka**.

Im hinteren Ortsteil führt links eine Treppe zum Kirchlein Tou Timíou Stavroú (zum Heiligen Kreuz) hinauf, das auf einem steilen Felsen liegt. Das Hinaufsteigen lohnt sich, auch wenn es ziemlich viele Stufen sind. Und hinterher kann man sich ja in einer Taverne dafür belohnen, z. B. im Oasis (zwar unscheinbar, aber nette Wirtsleute und gutes Essen) oder im Kastellos.

Wir fahren den Berg hinunter Richtung **Ierápetra** und sehen schon von weitem links der Straße einen großen See mit hellgrünem Wasser. Das ist der **Stausee von Bramianá**, der im Winter das reichlich von den Bergen herabfließende Wasser sammelt, das im Sommer zur Bewässerung der Gewächshäuser gebraucht wird. Ein Schotterweg führt um den ganzen (eingezäunten) See herum und man erkennt an einem Schild, dass er eine Art Naturschutzgebiet darstellt: „Jagen und Lärmen verboten!“ Über den Damm darf man offiziell nicht fahren, aber …

Wir folgen der Straße, bis wir kurz vor (eigentlich schon in) **Ierápetra** auf die Südküstenstraße treffen, auf die wir links einbiegen.

An der nächsten großen Ampelkreuzung müssten wir zur Weiterfahrt links abbiegen, aber da wir schon mal hier sind, wollen wir uns **Ierápetra** ein bisschen ansehen.

Wir fahren also geradeaus weiter ins Zentrum, und es gelingt uns mehr schlecht als recht, einen Parkplatz zu finden (und wir merken uns den Weg zurück, was nicht ganz einfach ist, da es im Ort sehr viele Einbahnstraßen gibt. Na ja, wir finden schon wieder raus …).

Früher war Ierápetra ein bedeutender Hafen für den Handel mit Afrika. Das sieht man diesem mit über 10.000 Einwohnern größten Ort an der Südküste allerdings nicht mehr an.

Ein berühmter Mann ist einmal von hier aus in See gestochen: Napoleon I. In der Nähe des venezianischen Kastells am Hafen steht das Haus, in dem er unerkannt übernachtet haben soll. Als man am nächsten Morgen unter seinem Kopfkissen Geld und ein Schreiben fand, in dem er bekannte, wer er war, da war Napoleon schon auf dem Weg nach Ägypten.

Wer dieses Haus sehen will (es ist nichts Besonderes daran), der biege von der Odós Stratígou Samoúli (die Straße hinter dem Stadtstrand) in die Gasse neben dem Haus Nr. 68 ein. Sie führt auf ein Haus in einer Quergasse zu. Das Haus rechts daneben ist dann das besagte (die Türen und Fenster sind verrammelt, Napoleons Bett ist nicht zu besichtigen).

In Ierápetra gibt es ein kleines venezianisches Kastell (Kalés) aus dem 13. Jahrhundert, das 2001 renoviert wurde und besichtigt werden kann (teilweise ist es aber Baustelle).

In der kleinen türkischen Altstadt vom Kastell aus landeinwärts ist u. a. eine alte Moschee zu finden. Man erreicht sie, wenn man die Straße weiter (vom Zentrum weg) geht. Sie biegt aber vom Meer ab und führt an einer Schule vorbei zum Platz mit der Moschee (Platía Lochagoú Ioánni Mamounáki). Sie ist teilweise restauriert und kann besichtigt werden. Hier finden öffentliche Ver-

anstaltungen statt. Neben der Moschee steht ein Minarett, dem die Spitze fehlt, und ein Brunnenhaus.
Weniger sehenswert ist das martialische Kriegerdenkmal auf der Platía Elevtherías (Platz der Freiheit) im Zentrum.
Aber den Besuch wert ist das kleine Archäologische Museum in der Odós Kostoúla Adrianoú gleich rechts hinter der Platía Emmanouíl Kóthri. Es ist ein flacher Bau, der an der einzelnen Palme davor leicht auszumachen ist.
Hier sind minoische und klassische Keramiken sowie Sarkophage zu sehen (in einem waren drei Personen sitzend bestattet. Ihre Knochen sollen zum Teil noch darin sein. Dass er für drei bestimmt war, ist links unten am Sarkophag zu erkennen, wo drei Personen dargestellt sind). Auch die anderen Sarkophage sind zum Teil bemalt.
Des weiteren sind mehr oder weniger gut erhaltene bzw. restaurierte klassische Statuen zu sehen, z. B. eine kopflose Artemis, die Göttin der Jagd. Dass es sich um Artemis handelt, erkennt man am Köcher, den die Dame auf dem Rücken trägt.
Eines der interessantesten Ausstellungsstücke ist die Statue der Fruchtbarkeitsgöttin Demeter (aus dem 1. oder 2. Jahrhundert n. Chr.), die vor einigen Jahren von einem Bauern beim Pflügen entdeckt wurde, der im Nachhinein für Schlagzeilen in der europäischen Presse sorgte, weil er sie mit einem Komplizen ins Ausland schmuggeln lassen wollte. Die Sache flog auf, und so steht die Dame jetzt hier im Museum.

Um wieder zur Route zurückzukehren, fahren wir entweder vom Museum aus auf der Ausfallstraße Richtung Westen (**Myrtos**, **Áno Viános**) bis zur schon erwähnten großen Ampelkreuzung, wo wir rechts nach **Ágios Nikólaos** abbiegen. Oder wir folgen der Ausschilderung nach **Ágios Nikólaos** aus der Stadt heraus und biegen hinter dem Lidl links ab.

In beiden Fällen kommen wir zur ausgeschilderten Abzweigung nach **Makryliá** und **Meseléri** – unbedingt auf die Beschilderung achten, der Abzweig ist recht unscheinbar!

Wer die Nase von Kurven voll haben sollte, kann auch über die Hauptstraße nach Norden abkürzen, bei **Pachiá Ámmos** links abbiegen und auf der Nordküstenstraße zurück nach **Ágios Nikólaos** fahren. Auch keine hässliche Strecke, aber den harten Kern zieht es noch einmal in die Berge.

Die einzige Stelle, wo man sich verfahren kann, wenn man nicht aufpasst, ist die erwähnte Abzweigung nach **Makriliá**/**Meseléri** beim Lidl! Hat man sie gefunden, führt die weitere Strecke an der Kirche der Agía Paraskeví vorbei, die allein links der Straße steht, nach **Makryliá** und weiter über **Meseléri** nach **Prína**. Und den Rest der Strecke kennen wir.

Tour 22 – Rund um den Thriptís

Eine Tour ohne besondere Sehenswürdigkeiten, aber landschaftlich begeisternd.

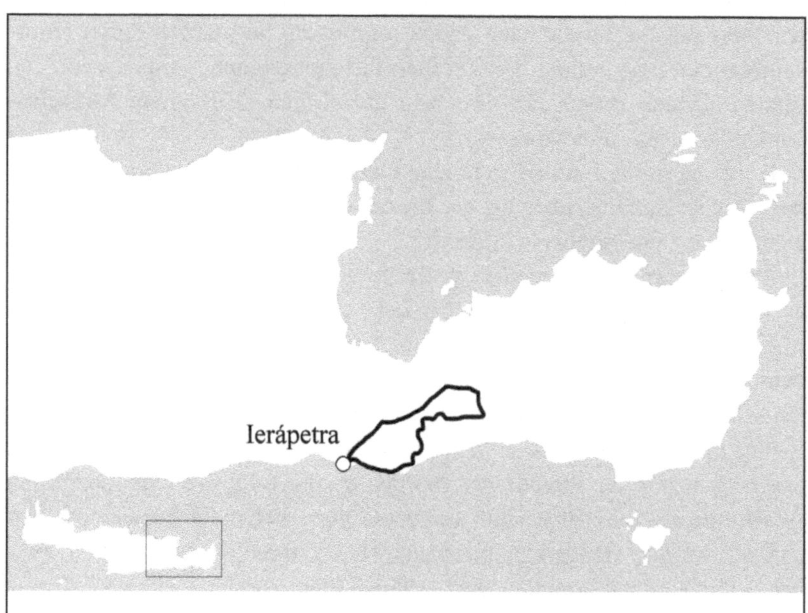

Streckenlänge	ca. 60 km
Straßenbeschaffenheit	größtenteils Asphalt
Schwierigkeitsgrad	Normal-Pkw nur für routinierte Fahrer, besser Pkw mit Allradantrieb, schlechte Schotterstraße zwischen Orinó/Thriptí
Begeisterungsfaktor	erhöht

Streckenverlauf: Ierápetra – Koutsounári – Ágios Ioánnis – Schinokápsala – Orinó – Thriptí – Páno Chrió – Káto Chorió - Ierápetra

Alternative Startorte: Alle Urlaubsorte an der östlichen Südküste zwischen **Myrtos** und **Análipsi** – die An- und Rückfahrt bis/von **Koutsounári** finden wir auch alleine.

Wir verlassen **Ierápetra** vom Kriegerdenkmal aus Richtung **Sitía** (immer rechts parallel zum Meer – Ausschilderung vorhanden) und fahren nach **Koutsounári** (ca. sieben Kilometer). Kurz nach dem Ortseingang biegen wir links auf die Straße nach **Ágios Ioánnis** ab und fahren durch **Koutsounári** den Berg hinauf. Die Straße führt kurvenreich – was sonst? – an grünen Hängen entlang, ist aber sehr gut ausgebaut. Mehrere Aussichtspunkte laden zum Fotostopp ein.

Kurz vor **Ágios Ioánnis** steht eine kleine Kirche so dicht an der Straße, dass wir sicherheitshalber hupen, bevor wir um sie herumfahren – es ist ziemlich eng und unübersichtlich dort.

Ágios Ioánnis war wie viele andere kretische Bergdörfer einmal nahezu ausgestorben, doch heute ist wieder Leben im Dorf. Wir fahren durch das in Stufen am Hang liegende Dorf hindurch, über einen kleinen Pass und dann am nadelbaumbestandenen Südhang des Thriptís-Höhenzugs nach Osten bis **Schinokápsala**. Etwa zwei Kilometer weiter gabelt sich die Straße. Rechts hinunter geht es nach **Mávros Kólymbos**, wir aber halten uns links und biegen mit der Straße nach Norden ab. Es folgt einer der schönsten Abschnitte der Tour. Riesenhaft und unerschütterlich ragen Felsengipfel vor uns auf. An ihre Hänge klammern sich Nadelbäume und trotzen dem ewigen Wind. Und wir kommen uns unsäglich klein vor.

Zwischen zwei besonders imposanten Bergen hindurch nähern wir uns **Orinó**. Etwa zwei Kilometer vor dem Dorf gabelt sich die Straße ohne Ausschilderung, das braucht uns aber nicht zu stören, denn beide Strecken führen uns ans Ziel: Fahren wir links, kommen wir von Süden nach **Orinó** hinein, fahren wir rechts, von der anderen Seite (auf dieser Strecke kommen wir noch an ein T-Stück, an dem wir uns links halten müssen – es ist nahezu unmöglich, sich zu verfahren, denn wir sehen schon seit einiger Zeit das Dorf links von uns liegen).

Haben wir die erste (linke) Strecke gewählt, fahren wir durch das ganze Dorf hindurch und biegen am Ortsende am kleinen Platz links ab nach **Thríptí**, haben wir die andere Strecke gewählt, sind wir ganz um das Dorf herumgefahren, und biegen jetzt am Ortsanfang an dem Plätzchen rechts ab.

Schon nach wenigen Metern wird aus Asphalt Schotter. Bei der ersten Gelegenheit dazu biegen wir links ab, durchfurten einen flachen Bach, der im Hochsommer vermutlich ausgetrocknet ist, und folgen dann dem Schotterweg, der sich den Berghang hinaufwindet. An allen folgenden Weggabelungen halten wir uns links. Und wir fahren langsam und vorsichtig, denn der Weg ist inzwischen ziemlich schlecht.

Dann kommen wir (schätzungsweise nach etwa 4 Kilometern) an eine Gabelung, an der ein Schild zum Afendis (also der Chef, hier der Berggipfel) weist. Wir fahren rechts weiter und halten uns von nun an immer rechts!

Dann erreichen wir das verstreut liegende **Thrípti**, und jetzt wird es etwas unübersichtlich. Überall Gabelungen, Abzweigungen etc. und viele Wege enden im Nichts. Der beste Tipp: Schon am Dorfeingang und später auch stehen Hinweisschilder zur Taverne Provarma, und denen folgen wir einfach, denn sie führen dorthin, wohin wir wollen. Und Vorsicht, die Wege sind schmal und teils unübersichtlich – ein bisschen Abenteuergefühl muss auch mal sein.

Haben wir die Taverne erreicht, haben wir es geschafft. Wir fahren daran vorbei, und schon nach etwa 100 Metern kommen wir zur asphaltierten Hauptstraße, auf die wir rechts einbiegen und nun gemächlich durch Kiefernhaine zu Tal rollen. Zwar ist die Straße immer noch schmal und kurvenreich, aber sie ist durch kräftige Leitplanken gesichert. Es ist eine echte Entspannung für Auto und Fahrer, der aber nicht übermütig werden sollte, denn der Asphalt wartet an einigen Stellen mit überraschenden Unebenheiten auf.

Luxus währt nicht ewig: erst wird der Asphalt schlechter, dann werden die Leitplanken und Straßenmarkierungen zunehmend weniger. Aber wir sind schon weitaus schwierigere Strecken gefahren, denn asphaltiert bleibt die Straße bis hinunter ins Tal. Und die Aussicht ist mal wieder atemberaubend.

Weiter unten erreichen wir das Dorf **Páno Chorió** an seiner großen Kirche. Ob wir nun links an ihr vorbei um das Dorf herum fahren oder rechts vorbei durch das Dorf, bleibt sich gleich, denn unten treffen sich die beiden Straßen wieder.

Wir fahren weiter bergab nach **Káto Chorió**, biegen dort links auf die Durchgangsstraße ein und treffen nach etwa einem Kilometer auf die große Straße von **Pachiá Ámmos** nach **Ierápetra**. Auch hier biegen wir links ein und sind nach ein paar Kilometern wieder daheim.

Tour 23 – Durch den wilden Osten 1

Die Tour führt zu einem großen Teil durch weniger bekanntes Gebiet.

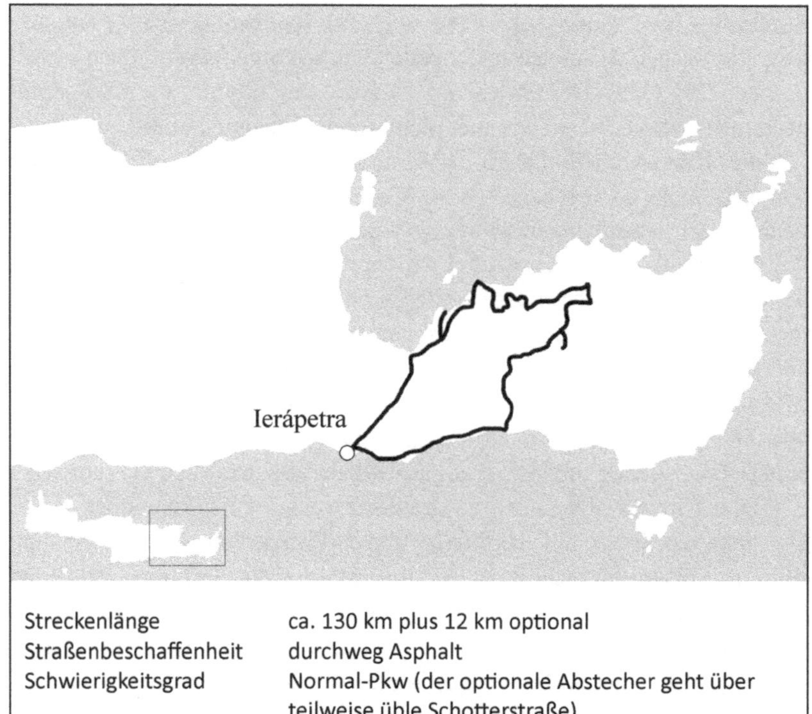

Streckenlänge	ca. 130 km plus 12 km optional
Straßenbeschaffenheit	durchweg Asphalt
Schwierigkeitsgrad	Normal-Pkw (der optionale Abstecher geht über teilweise üble Schotterstraße)
Begeisterungsfaktor	Kreta-üblich bis erhöht

Streckenverlauf: Ierápetra – Koutsourás – Stavrochóri – Chryssopigí – Skordýlo – Achládia – Koumiriótis – Skopí – Chamézi – Éxo und Mésa Moulianá – Tourlotí – Móchlos – Kavoúsi – Tholos-Beach – Ierápetra

Alternative Startorte: Alle Urlaubsorte an der östlichen Südküste zwischen **Mýrtos** und **Análipsi** – die An- und Rückfahrt bis/von **Koutsourás** finden wir alleine.

Wir verlassen **Ierápetra** vom Kriegerdenkmal aus Richtung **Sitía** (immer rechts parallel zum Meer – Ausschilderung vorhanden) und folgen dieser Straße über **Koutsounári** und **Férma** bis nach **Koutsourás** (ca. 22 Kilometer). Hier biegen wir gleich in der ersten Rechtskurve links ab (ausgeschildert zur City Hall). Der nächsten Ausschilderung dorthin, die bald darauf nach rechts weist, folgen wir aber nicht, sondern fahren geradeaus weiter.

Nach etwa drei Kilometern passieren wir die kleine Kirche des Ágios Fanoúrios links der Straße. Sie ist insofern interessant, weil sie zweischiffig ist und daher jedes Kirchenschiff eine eigene Ikonenwand hat.

Das nächste Dorf **Stavrochóri** umfahren wir rechts. Offiziell verbieten Schilder das Durchfahren des Dorfkerns, aber der gemütliche Dorfplatz mit mehreren Kafenía lädt zu einer Rast ein. Wenn wir einen Parkplatz finden, können wir auch ein paar Meter in die schmalen Gassen hinein laufen.

Am Dorfende gabelt sich die Straße; links hinauf geht es nach **Orinó**, wir aber fahren rechts hinunter und weiter in das breite Tal hinein nach **Chryssopigí**. Die gesamte Strecke ist gut asphaltiert, aber natürlich kurvenreich.

Hinter **Chryssopigí** fallen die strahlend weißen Felsformationen rechts und links der Straße auf, vermutlich reines Kalkgestein. Hoffen wir mal, dass der Abbau sich nicht lohnt. An einer allein links der Straße stehenden Kirche kommen wir zur Abzweigung zum Dörfchen **Dáfni**, doch einen Abstecher können wir uns sparen.

Einige Kilometer weiter weisen braune Schilder rechts zum venezianischen Kastell **Monte Forte**.

Falls wir das einzige schwierigere Stück dieser Tour nicht scheuen, können wir hier den optionalen Abstecher von etwa 12 Kilometern Länge einschieben. Der Weg ist mit normalen Pkw – aber mit Vorsicht – befahrbar:

Vorbei am Dorf Áno Krýa fahren wir nach Káto Krýa, dort aber, direkt vor dem Dorfeingang gleich hinter einem Ikonostássi (Miniaturkirche) links der Straße scharf links hinunter. Besonders das erste Stück ist schmal und sieht wenig vertrauenerweckend aus, aber es ist zu schaffen! Unten durchqueren wir ein Bachbett und biegen danach an der Weggabelung bei einem einsamen Haus rechts ab. Auf diesem Weg erreichen wir dann eine kleine Anhöhe und sehen bereits auf dem Hügel gegenüber die Kirche Ágios Geórgios und die (spärlichen) Reste des Kastells liegen. Jetzt können wir also im Sichtflug bis zur nächsten Abzweigung fahren und dort rechts abbiegen.

Die allerletzten Meter zum Kastell sind ziemlich steil; ängstliche Naturen können unten parken. Man kommt aber ohne weiteres mit dem Auto hinauf zu dem winzigen Plateau (groß genug zum Wenden), wo wir parken und von wo aus wir die paar Treppenstufen zum oberen Plateau hinaufsteigen.

Monte Forte lässt sich nicht vergleichen mit den Festungen von Iráklion, Frangokástello und Ierápetra, und ist auch nicht so bekannt wie sie. Doch der Blick ringsum ist bombastisch. Die Festung lag strategisch wirklich günstig und war – ich behaupte es mal – mit damaligen Mitteln kaum einzunehmen.

Wir fahren zurück zu dem Weg, auf dem wir hergekommen sind und fahren nun rechts weiter. Bald erreichen wir den großen Tagebau, den wir schon vom Kastell aus gut sehen konnten. Hier gilt die Regel: erste Gabelung links, zweite rechts ... und dann immer bergauf, bis wir oben auf einen Querweg stoßen. Hier lassen wir uns nicht vom Schild zum Kastell verwirren (das steht irgendwie nicht korrekt), sondern wir fahren links weiter, vorbei an einigen modernen Windrädern rechts des Weges.

Vor einem Hügel mit Sendemasten gabelt sich der Weg gleich dreifach: der mittlere ist der richtige. Und nach einer Weile Bergabfahrt kommen wir zur Straße, die wir von links gekommen wären, hätten wir diesen optionalen Abstecher nicht gemacht.

Nun wieder auf Asphalt, erreichen wir nach einem Kilometer das Dörfchen **Skordýlo**. Witzigerweise ist der Name auf den beiden Ortsschildern unterschiedlich geschrieben, aber das kümmert uns so wenig wie die Einheimischen, die es nicht gemerkt haben oder denen es egal ist.

Wir fahren durch **Paraspóri** und **Achládia**, hinter dem wir nach einem knappen Kilometer links abbiegen nach **Kimouriótis**, fahren durch das Dorf, einige Serpentinen den Berg hinauf und biegen dann an einem T-Stück links ab Richtung **Skopí**.

Bei **Skopí** fahren wir auf die New Road Richtung **Ágios Nikólaos**, die im Folgenden allerdings nicht autobahnähnlich ausgebaut ist. Die Strecke ist nur etwas breiter, und reichlich Kurven hat sie auch. Dennoch geht es flott voran, über **Chamézi**, **Éxo** und **Mésa Moulianá** und **Myrsíni** nach **Tourlotí**. Hier biegen wir am Dorfausgang rechts ab Richtung **Móchlos**.

Wieder einmal geht es auf enger und kurvenreicher (asphaltierter) Straße hinunter zum Meer. Von oben haben wir einen weiten Panoramablick auf die kleine Ebene von Móchlos und das verstreut liegende

Dorf. Die meisten Häuser sind Pensionen und eher neueren Datums. Wir brauchen jedoch kein Zimmer und fahren deshalb weiter zum Ortskern auf einer kleinen Landzunge (vorher ausgeschildert, rechts einbiegen). Wenn inzwischen auch recht fest in touristischer Hand, einen Spaziergang vorbei an den netten Lokalen an der Waterfront sollte man nicht auslassen. Zum Parken folgen wir den Schildern durchs Dorf zu einem kostenfreien Sandparkplatz außerhalb. Keine Sorge, wir sprechen hier nicht von großen Entfernungen.

Nachdem wir vermutlich irgendwo eingekehrt waren, fahren wir das kurze Stück zurück zur Hauptstraße, biegen dort rechts ein und schrauben uns mit der Straße den Berg hoch. Wir passieren einen riesigen Steinbruch und erreichen dann bei einer Taverne wieder die New Road, die wir in **Tourlotí** verlassen hatten.

Nach kurzer Fahrt kommen wir nach **Plátanos**, das nur aus wenigen Lokalen besteht und einen wirklich bombastischen Blick aufs Meer und das vorgelagerte Inselchen **Psíra** zu bieten hat (**Plátanos** hat seinen Namen von dem dahinter liegenden gleichnamigen Berg). Hier halten alle, zumindest um zu fotografieren. Ein paar hundert Meter weiter gibt es einen weiteren Parkplatz mit der gleichen Aussicht … aber mit weniger Leuten.

Unser nächstes Etappenziel ist **Kavoúsi**. Am Dorfeingang weist eine ganze Batterie brauner Schilder zu mehreren archäologischen Stätten und zu einem mehr als 3250 Jahre alten Olivenbaum. Der sehr schlechte Weg ist auch weiter beschildert. Außer für den Olivenbaum, der wirklich ein echter Kaventsmann ist, lohnt sich der Abstecher aber nicht wirklich.

Ebenso wenig lohnt eigentlich ein Abstecher zum Meer in die Bucht von **Thólos** (an der Kirche in **Kavoúsi** rechts ausgeschildert). Der Zufahrtsweg ist zwar asphaltiert, der Strand aber grobkieselig und etwas schmuddelig. Urlauber mit Wohnmobil werden vom Besitzer der Kantina am Strand wohl gerne geduldet. Oberhalb der Bucht werden auch Zimmer vermietet, aber so richtig einladend sieht es nicht aus hier.

Außerdem haben wir schon ein Zimmer, und dahin dürfte es uns allmählich ziehen. Wir folgen also der Straße bis kurz vor **Pachiá Ámmos** und biegen an der beschilderten Abzweigung links nach **Ierápetra** ab.

Wer die Ausgrabungen von **Gourniá** noch nicht kennt, kann optional durch **Pachiá Ámmos** hindurch und die zwei Kilometer bis zur Ausgrabung der minoischen Stadt fahren.

Diesmal ist es kein alter Palast, den es zu besichtigen gilt, sondern ein verwinkeltes Städtchen. Es gehört jedoch auch ein kleinerer palastartiger Bau dazu, in dem wohl ein Gouverneur residiert hatte.

Begünstigt durch seine Lage an der schmalsten Stelle der Insel, fast wie eine Wespentaille, war Gourniá seinerzeit ein Handelszentrum, denn die reisenden Kaufleute schafften ihre Waren lieber auf dem Landweg die etwa 15 Kilometer zur Südküste, das war einfacher und weniger gefährlich als auf dem Seeweg um die Ostspitze der Insel herum.

Die Häuser von Gourniá sind klein und liegen dicht verschachtelt beieinander, so sehen kretische Bergdörfer oft noch heute aus. Die Funde aus Gourniá sind im Archäologischen Museum in Iráklion zu besichtigen. Die Ausgrabungen sind täglich von 9.00 bis 16.00 Uhr geöffnet, der Eintrittspreis ist derzeit bescheiden (kurz vor Schließung der Anlage wird man nicht mehr hineingelassen).

Nun geht es aber wirklich nach Hause: Wir fahren zurück durch **Pachiá Ámmos** und biegen dahinter rechts nach **Ierápetra** ab. Die engste Stelle der Insel ist dann flott durchquert.

Tour 24 – Durch den wilden Osten 2

Auf dieser Tour erleben wir den äußersten Südosten in seiner gewaltigen, archaischen Schönheit.

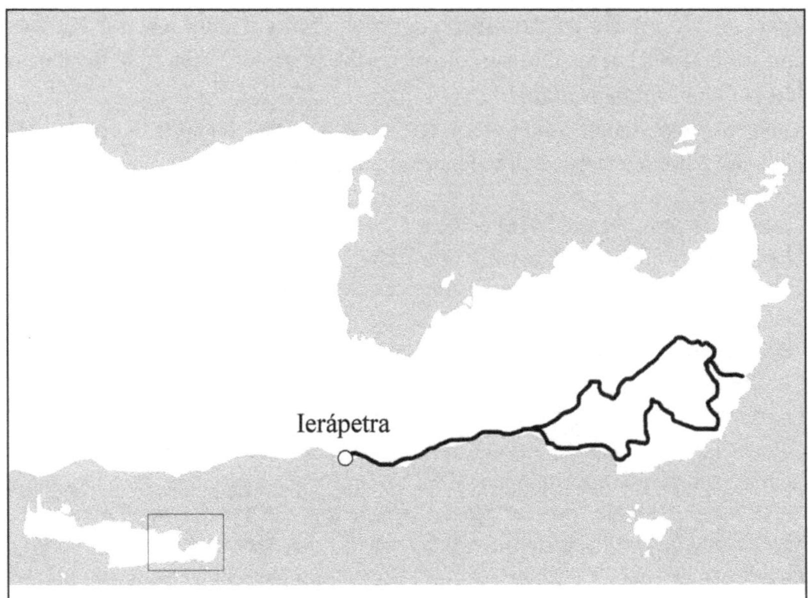

Streckenlänge	ca. 160 km
Straßenbeschaffenheit	durchweg Asphalt
Schwierigkeitsgrad	Normal-Pkw (nur ein kleines harmloses Schotter-stück)
Begeisterungsfaktor	Kreta-üblich bis erhöht

Streckenverlauf: Ierápetra – Makrýgialos – Análipsi – Langáda – Kloster Kapsás – Goúdouras – Dasonári – Agía Triáda – Xerókambos – Káto Zákros – Zákros – Adravastí – Karýdi – Sítanos – Kateliónas – Voíla – Chandrás – Arméni – Papagiannádes – Lithínes – Koutsourás – Kousounári - Ierápetra

Alternative Startorte: Alle Urlaubsorte an der östlichen Südküste zwischen **Myrtos** und **Análipsi** – die An- und Rückfahrt bis/von **Análipsi** finden wir ja auch alleine. Man kann diese Tour natürlich auch von **Sitía** aus machen: Auf der Straße Richtung **Ierápetra** bis kurz vor **Análipsi** fahren und dann dort links zum **Kloster Kapsás** einbiegen. Und natürlich zum Schluss von **Chandrás** aus dann rechts nach Norden auf die Straße von **Ierápetra** nach **Sitía** einbiegen.

Wir verlassen **Ierápetra** vom Kriegerdenkmal aus Richtung **Sitía** (immer rechts parallel zum Meer – Ausschilderung vorhanden) und folgen dieser Straße über **Koutsounári**, **Férma**, **Koutsourás** und **Makrýgialos** bis **Análipsi** (ca. 27 km). Hinter **Análipsi** biegen wir rechts ab zum **Kloster Kapsás** und nach **Goúdouras**. Die nun direkt am Meer entlang führende Straße ist seit einigen Jahren asphaltiert.

Nach etwa sieben Kilometern erreichen wir das **Kloster Kapsás**, das links der Straße wie ein Schwalbennest am Berghang klebt.

Die weiß gekalkten Außenwände des Klosters überstrahlen die wilde Umgebung. Das Kloster stammt aus dem 15. Jahrhundert, wurde von den Türken völlig zerstört und erst in der zweiten Hälfte des 19. Jahrhunderts in der heutigen Form wieder aufgebaut. Den Wiederaufbau verdankt es einem Kreter namens Ioánnis Gerontogiánnis, der im Kloster geboren wurde. Er war ursprünglich weder Mönch noch Geistlicher. Der Überlieferung nach konnte er durch ein göttliches Wunder nach einem langen, bewusstlosen Schlaf Wunder vollbringen, wie Kranke heilen oder Salzwasser in Trinkwasser verwandeln. Diese neue Fähigkeit bekehrte ihn, und er beschloss Mönch zu werden und den Ort seiner Geburt wieder aufzubauen. Da er durch seine Wundertaten sehr bekannt geworden war, fand er reichlich finanzielle und manuelle Unterstützung, so dass der Wiederaufbau bald vollendet war.

Der große Besucherandrang gefiel den türkischen Besatzern wenig. Sie nahmen den Mönch in Arrest, ließen ihn aber wieder frei, ohne ihm etwas angetan zu haben. Der Legende zufolge verbrachte er seine letzten Lebensjahre betend oberhalb der Klosterkirche in einer Höhle, die wegen ihres doppelten Einganges ein wenig an einen Totenschädel erinnert. Auf dem Höhlenboden befinden sich zwei Vertiefungen, die man für Abdrücke der Knie des Gerontogiánnis hält (er soll ständig an der selben Stelle gekniet und gebetet haben, sowas kann jeden Stein zermürben). Vielleicht ist das alles aber nur geschicktes Marketing, was auch bezüglich dieses seltsam langen, bewusstlosen Schlafes vermutet wird.

Das Kloster kann täglich von 9.00 bis 12.30 Uhr und 15.30 bis 19.00 Uhr besichtigt werden. Wie überall, ist auch hier sittsame Kleidung vorgeschrieben.

In der Kirche sind die besonderen Sehenswürdigkeiten des Klosters zu sehen. Eine gigantische Ikone zeigt den Heiligen und daneben seine Wundertaten, z. B. seine Überfahrt auf einem kleinen Holzbrett zur Insel Koufonísi oder wie er für (seine) Kinder Meerwasser in Trinkwasser

verwandelt. Außerdem ist der Heilige in der Höhle oberhalb des Klosters abgebildet und links in der Mitte seine Grablegung.
Sein Schädel wird angeblich in einem reich verzierten silbernen Kasten aufbewahrt. Wenn einer der Mönche das Tuch anhebt, das über dem Kasten liegt, gewährt ein kreisrunder Ausschnitt im Deckel den Blick auf ein Stückchen Schädelplatte.

Wir folgen der Straße nach Osten zum Dorf **Goúdouras** mit einem wirklich niedlichen kleinen Fischerhafen: Mangels einer natürlichen Bucht hat man einen Kanal zwanzig bis dreißig Meter ins Land hinein gegraben, den die Straße auf einer Brücke überquert und der sich zu einem kleinen Becken erweitert. Natürlich taugt der Hafen nur für kleine Boote – schon wegen der niedrigen Brücke.

In **Goúdouras** endet die Küstenstraße, und wir biegen links ab in die Berge Richtung **Zíros**. Die Straße ist zwar kurvenreich, aber bestens asphaltiert. Vor allen Dingen stehen an den meisten Abzweigungen neue Hinweisschilder– es gab wohl frisches EU-Geld – bis auf eine entscheidende Stelle. Die Straße führt wieder ein Stück bergab, und die richtige Abzweigung nach links könnte man übersehen, aber ein Hinweisschild gibt es hier nicht. Wenn wir an dem hässlichen Kraftwerk vorbei kommen, dessen Schlote wir schon von weitem gesehen haben, dann haben wir die Abzweigung verpasst und müsssen umdrehen (aber das kostet nur ein paar Kilometer).

An der richtigen Abzweigung geht es hinauf zur Hochebene von **Zíros**. Das gleichnamige Dorf müssen wir uns nicht unbedingt anschauen, also biegen wir etwa einen Kilometer vor **Zíros** rechts ab Richtung **Xerókambos**.

Nach einigen hundert Metern kommen wir an einem Militärgelände vorbei mit einem ausrangierten, orange angemalten Jagdflugzeug davor. Wir halten aber nicht zum Fotografieren an, denn das ist streng verboten.

Nun locken wieder echte Serpentinen, und das bis hinunter zum Meer – mehrere Fotostopps sind obligatorisch – bis wir **Xerókambos** erreichen.

Xerókambos hat sich inzwischen wie ein Streudorf auch in die westliche Nachbarbucht ausgedehnt, es gibt eine ganze Reihe neuer Häuser. Der Hauptort ist zwar nicht besonders reizvoll, aber es gibt einige gute Tavernen für eine Rast und vor allen Dingen einen der schönsten Sandstrände auf Kreta!

Dann hat die Straße uns wieder. Auch die weitere Strecke Richtung **Zákros** ist asphaltiert und geradezu komfortabel ausgebaut. Nach etwa acht Kilometern erreichen wir ein T-Stück, biegen rechts ab und fahren über steile Kurven mit einem sehr tiefen Ausblick aufs Meer nach **Káto Zákros** hinunter.

Káto Zákros ist in mehrfacher Hinsicht bemerkenswert: Zum Ersten befinden sich hier die Ausgrabungen des vierten minoischen Palastes, zum Zweiten ist hier das Klima so mild, dass in der Bucht Bananen ganz ohne Gewächshaus gedeihen, zum Dritten ist Kreta hier wirklich zu Ende.

Káto Zákros ist also nicht nur Ziel sonnenhungriger Rucksacktouristen, auch Bildungsreisende fahren individuell oder in Bussen vor. Hier wurde nämlich 1961 durch einen Zufall der vierte minoische Palast entdeckt (nach Knossós, Festós und Mália). Der Zufall bestand darin, dass Arbeiter beim Bau eines Gewächshauses auf minoische Schmuckstücke stießen und ihren Fund ebenso erstaunlicher- wie erfreulicherweise ordnungsgemäß meldeten. Schon 1901 hatte hier ein britischer Archäologe gegraben, aber an der falschen Stelle. Die Ausgrabungen sind noch in vollem Gange. Das ist auch der Grund dafür, dass der Ort nicht längst zugebaut und touristifiziert ist.

Das Ausgrabungsgelände ist von morgens bis zum Sonnenuntergang zur Besichtigung geöffnet. Wer mit eigenem Fahrzeug unterwegs ist, sollte sehr früh da sein, bevor die Welle der Reisebusse ins Dorf und vor den Palast schwappt.

Auch dieser Palast wurde ca. 1450 v. Chr. durch eine Naturkatastrophe zerstört. Auf seinen Trümmern wurde aber nicht erneut gebaut, so dass hier die Funde besonders ergiebig sind.

Es könnte den Besucher wundern, dass hier recht wenig touristische Infrastruktur vorhanden ist. Überall sonst, wo ähnliche Voraussetzungen vorliegen, ist schließlich alles zugebaut und erschlossen. Vermutlich zu ihrem Leidwesen ist das den Landbesitzern hier aber nicht erlaubt: der minoische Palast macht's möglich. Niemand weiß nämlich, wie weit das Palastgelände reicht, und deshalb wurde staatlicherseits ein rigider Baustopp verfügt. Sie würden schon wollen, doch sie dürfen nicht! Immerhin ist weit entfernt vom Palast, im Hintergrund der Bucht, eine Ferienanlage entstanden, und auch oben auf dem Berg, an der Straße nach Áno Zákros, werden Zimmer vermietet.

Die Bucht von Káto Zákros ist für den sonnenhungrigen Badeurlauber geradezu ideal. Rechts und links fällt das Gebirge tafelbergartig zum

Meer hin ab, die Bucht ist breit und sanft geschwungen, der schöne Kiesstrand (der groben Kiesel wegen für Kinder nicht optimal geeignet) ist noch sauber.
Am Ortsstrand liegen nebeneinander die Tavernen des Ortes. Sie bieten keine übermäßig große Auswahl (Tavernen eben!), doch das, was sie servieren, sind allesamt leckere und leicht unter Durchschnitt teure Grillgerichte (Fisch ist teurer, wie überall auf Kreta).

Nach der Einkehr oder anstatt drehen wir um und fahren wieder nach oben, durch **Áno Zákros** hindurch (am Dorfplatz links halten). Gleich hinter dem Ortsausgang biegt links die Straße zu den Quellen ab, und der folgen wir.

Áno Zákros ist grün bewachsen, was sich dadurch erklärt, dass die findigen Bewohner das Wasser der ergiebigen Quellen oberhalb des Ortes in Gräben durchs Dorf leiten. Diesen Quellen verdankt der Ort auch eine Limonadenfabrik.

Wir fahren bis zum Ende der Straße unterhalb der kleinen Kirche mit dem auffallend hellblauen Glockenturm. Vor der Kirche gehen wir etwa 200 Meter den Fußweg neben einer steinernen Wasserleitung entlang (wohl eher Beton) und erreichen die Quellen. Umwerfend sind sie gerade nicht, aber da wir schon mal hier sind, wollen wir sie auch gesehen haben. Baden ist hier für Mensch und Tier verboten, da es sich um Trinkwasser handelt, worauf ein großes Schild hinweist (ob hier die Ziegen lesen können?).

Wir fahren wieder zur Hauptstraße hinunter, biegen links ein und fahren weiter zum nächsten Dorf **Adravásti**.

Die Erde rechts und links der Straße ist nicht rotbraun, sondern hat einen deutlichen Stich ins Violette. Das ist auf ein bestimmtes Mineral im Boden zurückzuführen, das die Einheimischen Jolifa nennen.

Hinter **Adravásti** biegen wir links ab und fahren hinauf zur Hochebene von **Chandrás**, die bekannt ist für ihren Weinbau und die Windräder auf den Bergen ringsum.

Im nächsten Dorf, **Karýdi**, biegen wir kurz vor dem Dorfausgang scharf links ab und fahren weiter bergauf. Und jetzt geht es fast zügig über **Sítanos** und **Katelónas** Richtung **Chandrás**. Dann bekommen wir vor **Voíla** das einzige kurze Stück Schotter unter die Reifen.

Das verlassene mittelalterliche Dorf liegt beeindruckend auf einem Hügel links der Straße. Zu sehen ist dort u. a. ein venezianischer Wohnturm. Nur wenige Besucher, man hat meist das ganze Dorf für sich.
In der Kapelle des Ágios Geórgios kann man – sofern nicht verschlossen – Fresken sehen, die allerdings nicht besonders gut erhalten sind. Sehenswert ist außerdem ein türkischer Brunnen, aus dem immer noch Wasser fließt.

Wir fahren noch etwa einen Kilometer weiter bis **Chandrás**, durch das Dorf hindurch und biegen dann rechts ab. Nach etwa vier Kilometern erreichen wir die großzügig ausgebaute Straße von **Sitía** nach **Ierápetra**, biegen hier links ein und fahren immer geradeaus zurück nach **Ierápetra**.

Tour 25 – Durch den wilden Osten 3

Die Tour bietet für jeden etwas: Kultur und Sehenswürdigkeiten, einen berühmten Palmenhain und natürlich jede Menge einzigartige Landschaft.

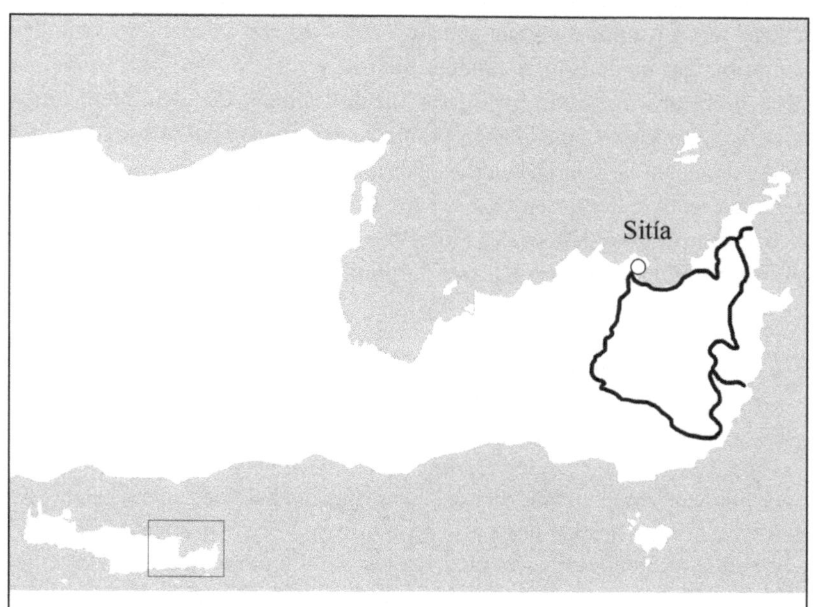

Streckenlänge	ca. 160 km
Straßenbeschaffenheit	durchweg Asphalt
Schwierigkeitsgrad	Normal-Pkw (nur ein kurzes Schotterstück, gut zu fahren)
Begeisterungsfaktor	Kreta-üblich bis erhöht

Streckenverlauf: Sitía – Kloster Tóplou – Ítanos – Vái – Palékastro – Langáda – Chochlakiés – Adravásti – Zákros – Káto Zákros – Xerókambos – Zíros – Chandrás – Etiá – Papagiannádes –Epáno Episkopí – Piskokéfalo – Sitía

Alternative Startorte: Man kann diese Tour natürlich auch von **Ierápetra** und allen Urlaubsorten an der östlichen Südküste zwischen **Mýrtos** und **Análipsi** aus machen: von dort aus erst einmal nach **Sitía** fahren, und dann natürlich gegen Ende der Tour hinter **Etiá** nach links auf die Straße nach **Ierápetra** einbiegen, um zum Ausgangsort zurück zu kommen.

Wir fahren aus **Sitía** am Meer entlang hinaus Richtung Osten. Nach den ganzen Vororten ist die Straße sehr gut ausgebaut, was vermutlich mit einer Bausünde zusammenhängt, die ein Riesenflop war: mit der riesigen Wohnanlage mit Eigentumswohnungen, die aus den verschiedensten Gründen wenig bis gar keine Käufer fanden. Sie rottet vor sich hin, ist aber immer noch nicht abschreckend genug für die Investoren, die dem Vernehmen nach hier im Osten eine riesige Golfanlage planen. Hoffen wir, dass der Widerstand der einheimischen Bevölkerung den Sieg davontragen wird und der noch recht unberührten Gegend ein weiterer Flop erspart bleibt.

Nur ein bis zwei Kilometer hinter der Wohnanlage biegen wir links ab auf die Asphaltstraße zum **Kloster Tóplou**, das wir nach weiteren drei Kilometern erreichen.

Das einsam in felsiger Gegend liegende Kloster wirkt auf den ersten Blick wie eine Festung. Genau das war es auch einige Jahrhunderte lang, denn so weit draußen war das Kloster ganz auf sich gestellt und musste sich entsprechend wehrhaft einrichten. Im Türkischen bedeutet Tóplou Kanone (sic!). Trotz seiner Wehrhaftigkeit und seiner tapferen Mönche gelang es den Türken mehrfach, das Kloster zu erobern und weitgehend zu zerstören. Doch die Mönche bauten es stets unverdrossen wieder auf. Auch im Zweiten Weltkrieg war hier ein Widerstandsnest. Wie auch anderenorts unterstützte die Kirche aktiv den Kampf der Kreter und ihrer englischen Verbündeten.

Heute leben nur noch wenige Mönche hier. Das Kloster ist eine beliebte Station auf allen Ostkreta-Touren, und so kommen die Besucher reisebusweise. Das Kloster prosperiert, und man sagt dem Abt nach, sehr geschäftstüchtig zu sein.

Das Klosterinnere, der Innenhof und besonders die zweischiffige Klosterkirche lohnen eine Besichtigung. Im linken Kirchenschiff sind vom Eingang aus gesehen noch spärliche Reste von Fresken aus dem frühen 15. Jahrhundert zu erkennen, die aber durch Feuchtigkeit stark beschädigt sind. Links als erstes eine Kreuzigungsszene. Die beiden Ikonostasen sind mit vielen Ikonen ausgeschmückt.

Die berühmteste aller Ikonen hängt am zentralen Punkt der Kirche, zwischen den zwei Schiffen gegenüber dem Eingang. Sie stammt aus dem 18. Jahrhundert und wurde von dem berühmten kretischen Maler Joánnis Kornáros (1745-1796 n. Chr.) geschaffen mit Szenen aus der Bibel. Es gibt viel darauf zu entdecken. Diese Ikone gilt übrigens als eine der wertvollsten von ganz Griechenland, weniger wegen ihres Alters, sondern wegen der vielen und vielfältigen Darstellungen.

Sie zeigt in der Mitte vier Hauptszenen und rechts und links davon ganze 57 (!) weitere Szenen. Das Ganze ähnelt ein wenig einem Wimmel-Bilderbuch von Ali Mitgutsch.

Die Hauptszenen (von oben nach unten) sind die Heilige Dreieinigkeit (Vater, Sohn und Hl. Geist), die Taufe Christi, eine Darstellung der Panagía (Gottesmutter) mit dem Kind, rechts und links von ihr (die nackten) Adam und Eva; Eva tritt auf die Schlange, die Gottesmutter hält sie schützend (?) am Arm; ganz unten die Hölle, die Unterwelt, mit den gequälten Menschen, über denen der strahlende Christus schwebt.

Die kleinen Darstellungen zu beschreiben, würde hier zu weit führen. Man schließe sich also unauffällig einer der ständigen Führungen an oder erwerbe im Kloster-Shop am Eingang den kleinen Führer, der die Ikone im Detail beschreibt.

Auf der Rückseite des Mittelpfeilers der Kirche hängt eine große besonders schöne Ikone, die Johannes den Täufer zeigt, erkennbar an seinem abgehauenen Kopf links unten, den sich wie bekannt Salomé nach ihrem gekonnten Schleiertanz wünschen durfte. Diese Ikone ist etwa 200 Jahre älter als die berühmte andere.

Außen an der Kirche, links neben dem Eingang, hängt eine unscheinbare Steinplatte, in die ein Vertrag zwischen den Städten Ítanos und Ierápetra eingemeißelt ist, stammend aus dem ersten Jahrhundert v. Chr.

Inzwischen wurde im Kloster ein kleines Museum eingerichtet, in dem Ikonen, alte Schriftstücke und auch Waffen zu sehen sind. Im Inneren ist überall das Fotografieren verboten. Man lasse sich also nicht erwischen ...

Wir fahren von hier aus weiter bis zur Straße von **Palékastro** nach **Vái**. Hier biegen wir links ein und fahren geradeaus weiter bis nach **Ítanos** (die Abzweigung nach **Vái** ignorieren wir).

Falls Strandwetter herrscht, haben wir hier eine gute Gelegenheit, einen kleinen Badestopp einzulegen, denn verglichen mit **Vái** ist es hier ausgesprochen ruhig. Außerdem können wir uns auf einem kleinen Hügel die spärlichen Überreste der antikem Stadt **Ítanos** ansehen.

Und wenn wir schon mal hier sind, können wir auch noch ein Stück weiter in den äußersten Nordosten vorstoßen, obwohl es da außer Landschaft nichts weiter zu sehen gibt. Wir fahren also etwa 100 Meter zurück und biegen rechts ab. Eigentlich ist die äußerste Spitze der Insel militärisches Sperrgebiet und man wird durch Schilder vor Militärfahrzeugen gewarnt, aber erst hinter der ersten Landenge – rechts und links der Straße ist Meer

– steht dann ein Durchfahrtverbotsschild. Hier drehen wir um, denn weiter oben gibt es wirklich nur noch Militär.

Vorbei an **Ítanos** fahren wir nun zurück nach Süden und biegen links in die Stichstraße nach **Vái** ein. Und schon bald tauchen links der Straße die ersten Palmen auf.

Der Legende nach ist der Palmenhain arabischen Seeräubern zu verdanken, die hier anlegten, am Strand Datteln aßen und die Kerne in den Sand spuckten. Doch Botaniker identifizierten diese Dattelpalme als endemische, nur auf Kreta vorkommende Art.

Der Palmenstrand von Vái ist jedenfalls ein sehr hübsches Fleckchen Erde, dessen Entdeckung durch Rucksäckler schnell viel „fahrendes Volk“ anzog. Der Strand und der Palmenhain verdreckten zusehends durch die vielen Wildcamper und Strandschläfer, bis dann vor einigen Jahren die Behörden reagierten: Der größte Teil des Palmenhaines wurde eingezäunt und zum Naturschutzgebiet erklärt – Betreten verboten!

Der Strand und der kleinere Teil des Palmenhains sind nur von 7.00 bis 21.00 Uhr zugänglich. Übernachten oder gar Campen ist verboten! Das ist auch gut so, denn nur so konnte die Schönheit dieses Fleckchens Erde bewahrt werden. Es war wirklich Fünf vor Zwölf!

Trotz aller Beschränkungen hat Vái augenscheinlich nichts von seiner Anziehungskraft verloren; hier ist immer reichlich was los, auch wenn sich die Klientel verändert hat. Rechts am Hang hat sich ein Restaurant eingerichtet. Trotz der relativen Monopolstellung sind die Preise normaler Durchschnitt und die Küche durchaus in Ordnung. Den Blick über die reizvolle Bucht gibt es gratis dazu.

Mittags fahren hier die Busse der „Eastern-Crete-in-5-Hours-Touren“ vor (die heißen natürlich nicht wirklich so) und spucken ihre Fracht aus. Entsprechend voll ist es dann, aber bislang wird man recht gut fertig damit.

Da sich der Strand vom Rucksäckler- zum Tagesausflügler-Paradies gewandelt hat, ist natürlich auch die entsprechende Infrastruktur vorhanden: Es gibt Surfbretter und Tretboote, Sonnenschirme und Strandliegen zu mieten, kurz: alles, was man so braucht. Während der Saison ist sogar Wasserski im Angebot.

Der Strand ist grobsandig und sehr schön, doch im Wasser trifft man auf Felsplatten. Das Meer hält also nicht ganz, was der Strand verspricht.

Steigt man die Steintreppe links neben dem Restaurant hinauf und überquert den Aussichtsfelsen, gelangt man (immer den roten Punkten folgend) zu einer Badebucht mit fast noch schönerem Strand. Sie ist

allerdings nicht so ideal für kleine Kinder wie die Bucht von Vái, da es hier schnell und steil in die Tiefe geht.
Eine öffentliche Toilette und eine Süßwasserdusche (beide gebührenpflichtig) findet man am Parkplatz.

Zurück auf der Hauptstraße, fahren wir links weiter nach **Palékastro**.

Palékastro ist mehr oder weniger ein Provinznest. Die Einwohner leben von der Landwirtschaft, doch der Tourismus hält zaghaften Einzug. Bis zum Meer sind es nur etwa drei Kilometer, und die langgestreckte Bucht im Norden des Ortes ist schön zum Baden (kieslig bis sandig und fast menschenleer).

Am Dorfplatz mit den Tavernen biegen wir scharf links ab Richtung **Zákros**. Das folgende Straßenstück ist recht schmal und meist ziemlich zugeparkt, also muss bei Gegenverkehr eventuell rangiert werden.

Dann knickt die Hauptstraße scharf rechts ab. Geradeaus kommt man in ein paar Kilometern zum Strand mit mehreren Fischtavernen und/oder zu den Ausgrabungen von **Roussolákos**.

Von der minoischen Stadt Eliá (das Ausgrabungsgelände heißt Roussolákos nach der roten Erde, die für den äußersten Osten Kretas typisch ist) brachten die Ausgrabungen nur spärliche Reste zu Tage, doch die Lage der Straßen, Gassen und Häuser ist gut zu erkennen.
Anfang des 20. Jahrhundert begannen britische Archäologen mit ersten Ausgrabungen, die einige Jahre andauerten. In den sechziger und achtziger Jahren wurden die Grabungen wieder aufgenommen, und dann wieder 2004. Die Ausgrabungsstätte wurde offiziell vom Worlds Monuments Fund als stark gefährdet eingestuft (nicht zuletzt seit ein großes schwedisches Konsortium in unmittelbarer Nähe eine riesige Hotelanlage errichten wollte).
Roussolákos war in der Vorpalastzeit nur eine kleinere Ansiedlung und wurde wohl, wie die bekannten Paläste auch, während der Erdbeben am Ende der älteren Palastzeit zerstört. Es wurde wieder aufgebaut und entwickelte sich durch seine Lage und seinen vom nicht zu übersehenden Tafelberg Kastrís geschützten Hafen zum wichtigsten Handelszentrum und zur größten Stadt im kretischen Osten.
Da das Ausgrabungsgelände nie ausgeplündert wurde, fanden die Archäologen viele interessante Relikte aus jener Zeit. Das bedeutends-

te war eine (beschädigte) minoische Statuette aus Elfenbein, die heute im Archäologischen Museum von Sitía zu sehen ist.

Wenn uns das nicht interessieren sollte, folgen wir der Straße Richtung **Zákros**. Sie führt in karger Landschaft durch die Dörfer **Langáda**, **Chochlakiés**, **Azokéramos**, **Kelária** und **Adravásti** bis **Áno Zákros**.

Die Erde rechts und links der Straße ist nicht rotbraun, sondern hat einen deutlichen Stich ins Violette. Das ist auf ein bestimmtes Mineral im Boden zurückzuführen, das die Einheimischen Jolifa nennen.

Áno Zákros ist grün bewachsen, was sich dadurch erklärt, dass die findigen Bewohner das Wasser der ergiebigen Quellen oberhalb des Ortes in Gräben durchs Dorf leiten. Diesen Quellen verdankt der Ort auch eine Limonadenfabrik.

Direkt vor dem Ortseingang biegen wir rechts in den asphaltierten Zufahrtsweg zu den Quellen ab. Wir fahren bis zum Ende der Straße unterhalb der kleinen Kirche mit dem auffallend hellblauen Glockenturm. Vor der Kirche gehen wir etwa 200 Meter den Fußweg neben einer steinernen Wasserleitung entlang (wohl eher Beton) und erreichen die Quellen. Umwerfend sind sie gerade nicht, aber da wir schon mal hier sind, wollen wir sie auch gesehen haben. Baden ist hier für Mensch und Tier verboten, da es sich um Trinkwasser handelt, worauf ein großes Schild hinweist (ob hier die Ziegen lesen können?).

Wir fahren wieder hinunter, biegen nach rechts auf die Hauptstraße ein und fahren nun durch **Áno Zákros** (am Dorfplatz rechts halten) weiter über steile Kurven mit einem sehr tiefen Ausblick aufs Meer nach **Káto Zákros** hinunter. Die außerhalb des Dorfes liegende Abzweigung rechts nach **Xerókambos** ignorieren wir, dorthin fahren wir erst auf dem Rückweg.

Káto Zákros ist in mehrfacher Hinsicht bemerkenswert: Zum Ersten befinden sich hier die Ausgrabungen des vierten minoischen Palastes, zum Zweiten ist hier das Klima so mild, dass in der Bucht Bananen ganz ohne Gewächshaus gedeihen, zum Dritten ist Kreta hier wirklich zu Ende.

Káto Zákros ist also nicht nur Ziel sonnenhungriger Rucksacktouristen, auch Bildungsreisende fahren individuell oder in Bussen vor. Hier wurde nämlich 1961 durch einen Zufall der vierte minoische Palast entdeckt (nach Knossós, Festós und Mália). Der Zufall bestand darin, dass Arbeiter beim Bau eines Gewächshauses auf minoische Schmuckstücke stießen und ihren Fund ebenso erstaunlicher- wie erfreulicherweise ordnungsgemäß meldeten. Schon 1901 hatte hier ein britischer Archäologe gegraben, aber an der falschen Stelle. Die Ausgrabungen sind noch in vollem Gange. Das ist auch der Grund dafür, dass der Ort nicht längst zugebaut und touristifiziert ist.

Das Ausgrabungsgelände ist von morgens bis zum Sonnenuntergang zur Besichtigung geöffnet. Wer mit eigenem Fahrzeug unterwegs ist, sollte sehr früh da sein, bevor die Welle der Reisebusse ins Dorf und vor den Palast schwappt.

Auch dieser Palast wurde ca. 1450 v. Chr. durch eine Naturkatastrophe zerstört. Auf seinen Trümmern wurde aber nicht erneut gebaut, so dass hier die Funde besonders ergiebig sind.

Es könnte den Besucher wundern, dass hier recht wenig touristische Infrastruktur vorhanden ist. Überall sonst, wo ähnliche Voraussetzungen vorliegen, ist schließlich alles zugebaut und erschlossen. Vermutlich zu ihrem Leidwesen ist das den Landbesitzern hier aber nicht erlaubt: der minoische Palast macht's möglich. Niemand weiß nämlich, wie weit das Palastgelände reicht, und deshalb wurde staatlicherseits ein rigider Baustopp verfügt. Sie würden schon wollen, doch sie dürfen nicht! Immerhin ist weit entfernt vom Palast, im Hintergrund der Bucht, eine Ferienanlage entstanden, und auch oben auf dem Berg, an der Straße nach Áno Zákros, werden Zimmer vermietet.

Die Bucht von Káto Zákros ist für den sonnenhungrigen Badeurlauber geradezu ideal. Rechts und links fällt das Gebirge tafelbergartig zum Meer hin ab, die Bucht ist breit und sanft geschwungen, der schöne Kiesstrand (der groben Kiesel wegen für Kinder nicht optimal geeignet) ist noch sauber.

Am Ortsstrand liegen nebeneinander die Tavernen des Ortes. Sie bieten keine übermäßig große Auswahl (Tavernen eben!), doch das, was sie servieren, sind allesamt leckere und leicht unter Durchschnitt teure Grillgerichte (Fisch ist teurer, wie überall auf Kreta).

Nach der Einkehr oder anstatt drehen wir um und fahren wieder nach oben. Kurz vor **Áno Zákros** biegen wir nun an der bereits erwähnten Abzweigung links ab. Die folgende Strecke ist bestens ausgebaut und so ist nach etwa acht Kilometern **Xerókambos** flott erreicht:

Der Ort hat sich inzwischen wie ein Streudorf auch in die westliche Nachbarbucht ausgedehnt, es gibt eine ganze Reihe neuer Häuser. Der

Hauptort ist zwar nicht besonders reizvoll, aber es gibt einige gute Tavernen für eine Rast und vor allen Dingen einen der schönsten Sandstrände auf Kreta!

Das jetzt folgende Streckenstück gehört sicherlich zu den Höhepunkten der Tour. Es geht wieder steil den Berg hinauf. Nicht nur die Serpentinen sind vom Feinsten, auch der Ausblick, und der verlangt geradezu nach dem einen oder anderen Fotostopp. Man hat das Gefühl, nie oben anzukommen (als die Strecke noch nicht asphaltiert war, war dieses Gefühl wesentlich extremer), doch irgendwann haben wir bei einem Militärgelände (links halten!) die Hochebene von **Zíros** erreicht. Hier steht rechts der Straße vor einem weiteren Militärgelände ein leuchtend orange angemaltes historisches Jagdflugzeug ... nein, Fotografieren ist verboten!

An der nächsten Straßengabelung biegen wir rechts nach **Zíros** ab. Wir fahren durch das Dorf hindurch Richtung **Chandrás**, an Chandrás vorbei und über **Arméni** nach **Etiá**, einem kleinen verlassenen Dorf. Sehenswert ist hier der Palazzo Mezzo, der von der gleichnamigen venezianischen Adelsfamilie Ende des 15. Jahrhunderts erbaut wurde. Da der Palazzo zum Nationalmonument erklärt wurde, hat man ihn in den letzten Jahren aufwändig restauriert.

Drei Kilometer hinter **Etiá** erreichen wir die Verbindungsstraße von **Ierápetra** nach **Sitía**, in die wir rechts einbiegen und gemütlich nach Hause gondeln.

Ortsregister

Die passende Tour zum Urlaubsort

Fett gedruckte Orte sind die Startorte, die anderen erfordern entweder Hin- und Rückfahrt oder liegen an der Strecke.

Die durchfahrenen Orte der Touren

(fettgedruckte Orte werden beschrieben)

Michael Schnell:
Blaues Meer und hohe Berge. Unterwegs auf Kreta
151 Seiten, ISBN 978-3-937108-17-9

Wandern, laufen, trekken – 23 Tage ist Michael Schnell unterwegs, allein, immer draußen in freier Natur, auch nachts. Von Kissamos führt ihn ein atemberaubender Weg zwischen den Weißen Bergen und dem Libyschen Meer nach Triopetra, der Drei-Felsen-Bucht an der Südküste Kretas und von dort aus auf den höchsten Gebirgsstock der Insel, den Psiloritis. Er berichtet von seinen Zwiegesprächen mit Winden und Wettern, Bäumen und Bergen, Hunden und Hirschkäfern und von Begegnungen mit besonderen Menschen. Ein poetisches Reisejournal mit Zeichnungen des Autors

---

Agoritsa Bakodimou:
Ein Ort Anderswo.
Auf der Suche nach dem Glück des Reisens
77 Seiten, ISBN 978-3-937108-22-3

„Das Versprechen auf eine wesentliche und dauerhafte Veränderung. Das ist für Agoritsa Bakodimou eine der vielfältigen Auslegungen von Reisen. Ihr literarisches Debüt in Griechenland liegt nunmehr in deutscher Übersetzung vor. (…) Literarisch kunstvoll verbindet sie ihre Reisegedanken mit der Philosophie und der Poesie – folgerichtig unvermeidlich auch mit der Liebe. In diesem Buch drückt sich ‚die Sehnsucht des Reisenden nach unablässiger Erneuerung seiner subjektiven Welt aus', fasst der Übersetzer Theo Votsos treffend zusammen." (Griechenland Zeitung)

Peter Trudgill:
In der Sfakia. Geschichte und Geschichten –
unsere Zeit im wilden Kreta
ISBN 978-3-937108-25-4

Die Sfakia wird gern als das wilde Herz Kretas bezeichnet. Von dieser abgelegenen und dünn besiedelten Region im Südwesten erhalten Touristen einen Eindruck, wenn sie sich zu einer Wanderung durch die Samaria-Schlucht entschließen. Peter Trudgill besucht die Sfakia seit den 70er Jahren regelmäßig. Unterhaltsam schreibt er über die Natur, die Landschaft, die Geschichte und die Legenden dieser Region, über die Alltagskultur, die Mentalität und die Lebensart ihrer Bewohner. Der Autor versteht es, uns in einer literarisch dichten Beschreibung die Welt und den Geist der Sfakia nahe zu bringen.

Sedones 1
Thomas Balistier:
Der Diskos von Phaistos. Zur Geschichte eines Rätsels & den Versuchen seiner Auflösung
120 Seiten, ISBN 978-3-9806168-1-2

„Ein Muß für jeden ausgrabungsbegeisterten Kreta-Urlauber, ein Buch, das Lust darauf macht, sich den Diskos mit seiner ‚erhabenen Schönheit und faszinierenden Ausstrahlung' im Museum von Heraklion selbst anzuschauen." (Südwest Presse)
„Kompetent und fundiert dokumentiert (...) Thomas Balistier in seinem 120 Seiten umfassenden Büchlein die Geschichte des Rätsels und die Versuche seitens der Wissenschaft, dieses zu lösen." (Salzburger Woche)

Sedones 2
Thomas Balistier:
Kretischer Raki – Raki-Kultur
Kreta und sein Nationalgetränk. Eine Einführung.
72 Seiten, ISBN 978-3-9806168-2-9

„Nachdem der Urlauber in die Prozeduren des Rakitrinkens eingeführt wird, werden die rechtlich-wirtschaftliche sowie die soziale Seite, exemplarisch eine professionelle Raki-Brennerei und die Rolle des Raki im Werk des großen kretischen Schriftstellers Nikos Kazantzakis behandelt. Eine gute soziokulturelle Einführung in ein Produkt, dessen Bedeutung für Kreta etwa derjenigen des Bieres für Bayern gleichkommt." (Athener Zeitung)

Sedones 3
Franz Wilhelm Sieber:
Kreta 1817. Ein historischer Reisebericht
107 Seiten, ISBN 978-3-9806168-3-6

„Mit Siebers Reisebericht ist dem Balistier-Verlag eine besondere Entdeckung gelungen. Was den Kenner der größten griechischen Insel an den Beschreibungen vielleicht am meisten beeindruckt, ist die Wiedererkennbarkeit vieler Orte der Insel, aber auch des besonderen Charakters der Kreter, der sich nur wenig geändert haben mag. Die anschauliche, lebendige Sprache und die Vorurteilslosigkeit des Verfassers tun das ihrige, um diesen Bericht zu einem besonderen Lesevergnügen zu machen. Einige Stiche aus der Originalausgabe, sachkundige Anmerkungen und ein vergleichendes Ortsverzeichnis ergänzen den Band. Dass der Verlag das immerhin zweibändige Werk nur auszugsweise publiziert hat, mag man bedauern. Es macht auf jeden Fall Appetit auf mehr. " (Athener Zeitung)

Sedones 5
Ulrich Kadelbach:
Schatten ohne Mann
Die deutsche Besetzung Kretas 1941-1945
124 Seiten, ISBN 978-3-9806168-5-0

„Die ebenso bedrückende wie interessante Materialsammlung Kadelbachs, die vor Ort und in den bundesdeutschen Archiven zur juristischen Aufarbeitung dieser überwiegend ungesühnten Verbrechen zustandekam, ergänzen eigene Geschichten und Skizzen aus der Gegenwart, fiktive Briefe aus jener Zeit sowie Gedichte des Autors. Eine bedenkenswerte Lektüre, für ‚nordische' Fit-for-fun-Kreta-Touristen vielleicht sogar eine Pflichtlektüre." (Athener Zeitung)
„Kadelbach hat ein Buch gegen die Schlussstrichmentalität und für einen besseren Umgang mit Widerstandskämpfern, auch deutschen, geschrieben." (Heidenheimer Zeitung)

Sedones 6
Pavlos Tzermias:
Kreta von Knossos bis Kazantzakis
Wanderung durch eine faszinierende Kultur
149 Seiten, ISBN 978-3-9806168-6-7

„Mit sympathischer Bescheidenheit wehrt sich der ‚eingezürcherte' Kreter Pavlos Tzermias im Vorwort dagegen, sein neuestes Buch als ‚Kulturgeschichte Kretas' zu werten. Tatsächlich stellt ‚Kreta von Knossos bis Kazantzakis. Wanderung durch eine faszinierende Kultur' trotz seines relativ schmalen Umfangs etwas vom Spannendsten dar, das je über Kreta und seine geistige Ausstrahlung geschrieben worden ist." (Athener Zeitung)

Sedones 7
Arn Strohmeyer:
Dichter im Waffenrock. Erhart Kästner in Griechenland und auf Kreta 1941 bis 1945
134 Seiten
ISBN 978-3-937108-07-0

„„Das leise murmelnde Gespräch über Götter, Quellen und flüsternde Haine ersetzt jenes leidige über Kriegsverbrechen." (Süddeutsche Zeitung)
„Das Buch bietet mehr als Literaturkritik. Es stellt Erhart Kästner in den Kontext der Geschichte Nazi-Deutschlands und, bedeutsamer noch, der Geistesgeschichte des Bildungsbürgertums." (Badische Zeitung)

Sedones 9
Hans Prescher:
General Kreipe wird entführt
Ein Husarenstück auf Kreta 1944
86 Seiten
ISBN 978-3-937108-11-7

Als die „wagemutigste und erstaunlichste Aktion“ des Zweiten Weltkriegs wurde die Entführung des deutschen Generalmajors Heinrich Kreipe im April 1944 auf der Insel Kreta bezeichnet. Vorgeschichte, Ablauf und die Folgen des Kommandounternehmens schildert dieses Buch.

Sedones 11
Pavlos Tzermias:
Nikos Kazantzakis‘ Odyssee.
Unbekannte Aspekte des geistigen Weges
eines berühmten Kreters
158 Seiten, ISBN 978-3-937108-14-8

„Tzermias‘ interessante und hintergründige Ausführungen räumen auf mit dem lückenhaften und einseitigen, nicht selten auch verzerrten Bild von Nikos Kazantzakis und regen den Leser an, sich nicht nur mit den Romanen des großen Schriftstellers und Kreters zu beschäftigen.“ (neaFon, deutsches griechisches magazin)

Sedones 15
Georg Vardakis:
Als der Krieg nach Kreta kam
Erinnerungen an meine Kindheit
100 Seiten, ISBN 978-3-937108-23-0

„Als am 20. Mai 1941 der Angriff auf Kreta begann, war ich sechs Jahre alt.“ Georg Vardakis erzählt, wie aus einer behüteten Kindheit in einer Familie, die seit Generationen in Chania lebte, relativ wohlhabend und an westeuropäischer Bildung und Kultur orientiert war, durch den Krieg eine Kindheit in materieller Not und in ständiger Bedrohung durch die deutsche Besatzungsmacht wurde. Und so berichtet Georg Vardakis vom Leben in einer zerbombten Stadt, von der Hungersnot, die die Familie nur durch ein paar Hühner und viele Auberginen überlebte, von einer Schulzeit, als Schüler zu Beginn des neuen Schuljahres erfuhren, dass ihr Lehrer in den Ferien von den Deutschen hingerichtet worden war. Der Autor erinnert sich an Partisanen und Kollaborateure, an Helden und eher ängstliche Menschen und an Begegnungen mit grausam-zynischen, aber auch mit freundlich-helfenden deutschen Besatzern.

Sedones 16
Arn Strohmeyer (Hg.):
Mythos Matala / The Myth of Matala
Ein Fotoband aus den 60ern und 70ern / Photographs from the Sixties and Seventies
120 Seiten, ISBN 978-3-937108-26-1
über 100 Fotos, fester Einband

Die Hippie-Bewegung als friedfertige Rebellion der Jugend ist in den 60er Jahren in den westlichen Gesellschaften entstanden. Langhaarig und farbenfroh gekleidet, protestierten ihre Anhänger gegen die ihrer Meinung nach spießige und sinnentleerte, einzig auf Wohlstand und Konsum ausgerichtete Kultur ihrer Eltern. Ihre von gesellschaftlichen Zwängen und Tabus freie Lebensauffassung wurde von der älteren Generation oft als Provokation empfunden. Tatsächlich waren die Blumenkinder auf der Suche nach einer humaneren Lebensweise, nach Harmonie mit der Welt und mit sich selbst. Matala an der Südküste von Kreta war ein Zentrum der Bewegung.
Der Fotoband Mythos Matala fängt in Bild und Text ein, wie Jugendliche aus aller Welt in den Höhlen an der malerischen Bucht von Matala damals nach ihren Vorstellungen und nach ihrer Devise love & peace ein einfaches und glückliches Leben zu führen versuchten.

Sedones 17
Pavlos Tzermias:
Der Kreter Dominikos Theotokopoulos
genannt El Greco
Ein unbekannter Berühmter
173 Seiten, ISBN 978-3-937108-27-8

Der Kreter Dominikos Theotokopoulos, der als El Greco Weltberühmtheit erlangte, lebt im Schatten seiner beeindruckenden Werke. Der Mensch Theotokopoulos ist weitgehend unbekannt. Bloße Hypothesen über seinen Werdegang gelten zu Unrecht als unerschütterliche Tatsachen. Zugespitzt formuliert: Wenn der Maler wieder auf die Welt käme, würde er wohl manche ihn betreffende „biographische" Angabe mit Schmunzeln zur Kenntnis nehmen. Das ist großenteils darauf zurückzuführen, dass der kretischen Lebensperiode des Künstlers nicht die gebührende Aufmerksamkeit geschenkt wird.
Das vorliegende Buch, das sich gerade auf diese Periode konzentriert, erhebt selbstverständlich nicht den Anspruch, die kretischen Jahre des Künstlers vollständig aus der Dunkelheit hervorgeholt zu haben. Es beleuchtet indes manchen unbekannten Aspekt des Werdegangs des Malers auf seiner Geburtsinsel und somit auch der hindernisreichen Rezeption in seiner eigenen Heimat. Der renommierte Buchautor behandelt die betreffende Thematik mit der ihn auszeichnenden Akribie und Nüchternheit.